AF343596

LES

# MAUVAIS JOURS

MÉME LIBRAIRIE:

—

OUVRAGES DU MÉME AUTEUR:

Vol. à 2 fr.

ÈVE, 5e édition.

CŒUR DE MÈRE 4e édition.

SANS BEAUTÉ, 6e édition.

YVONNE DE COATMORVAN, 3e édition.

LA CLEF D'OR 3e édition.

LA GLORIEUSE, 3e édition.

L'ONCLE TRÉSOR, 2e édition.

1690. — Abbeville. Imp. Briez, C. Paillart et Retaux.

# LES

# MAUVAIS JOURS

*Notes d'un Bourru sur le siége de Paris*

PAR

## M<sup>lle</sup> ZÉNAIDE FLEURIOT

PARIS

C. DILLET, LIBRAIRE-ÉDITEUR

15, RUE DE SÈVRES, 15

1872

# PROLOGUE.

—

J'aime la fable ingénieuse,
Lecteur ami, qui me fait voir
Dame Vérité furieuse,
De dépit, cassant son miroir.

L'Humanité, déjà peu sage,
Sachant ce beau miroir détruit,
S'arrangea vite un faux visage
Qu'un miroir menteur embellit.

La France, agissant tout comme elle,
De fard avait chargé son teint,
Ses haillons couverts de dentelle,
Avaient le brillant du satin.

Elle trouvait droit son œil louche,
Montait, sur talons, son pied plat,
De faux émail ornait sa bouche,
Et marchait en grand apparat.


Dans sa grandeur impériale
Des rois, elle aspirait l'encens,
Jetait aux faux dieux l'eau lustrale,
Sous les foudres du Tout-Puissant.


Sur registre une immense armée
Semblait menacer l'univers ;
Sa gloire y vécut enfermée,
Et nul n'a conté ses revers.


Un jour par l'Allemagne en armes
Le masque, hélas ! fut détaché,
Le fard fut dissous par les larmes
Et l'oripeau fut arraché.


Sommes-nous morts ? A Dieu ne plaise,
Chassons d'énervants désespoirs,
La vieille sagesse française
A brisé tous les faux miroirs.


Et pendant la sombre tourmente
Plus d'un orgueilleux abaissé

Trouva sous la terre sanglante
Le vrai miroir, jadis cassé.

Dans ce modeste petit livre,
S'en rencontre-t-il un fragment ?
La question, je vous la livre,
Ami lecteur, tout simplement.

# LES MAUVAIS JOURS

Paris, 1ᵉʳ juillet 1870.

Je ne suis pas méchant, ni révolté, ni geignant, mais je deviens bourru.

C'est d'ailleurs un des tours que nous joue la vie : elle nous rend bourrus. Après l'enfance inconsciente, l'adolescence joyeuse, la charmante et capiteuse jeunesse, arrive l'âge bourru par excellence, l'âge mûr.

Comment échapperait-on à ce travers, lecteur ami ?

On a sué sang et eau pour bâtir son édifice

dans la vie, on a tout mis en œuvre : âme et corps, intelligence, volonté, amour ; l'un s'est bâti un palais, l'autre une cabane, celui-là une villa, celui-ci un châlet, mais voici l'âge mûr et ses terribles clairvoyances, l'architecte sent littéralement tomber sur sa tête une grêle de déceptions. L'édifice de son bonheur, qui le plus souvent reste inachevé, commence à osciller sur ses bases ; il penche à droite, des lézardes se dessinent à gauche ; l'architecte, malgré sa bonne volonté, ne peut se dissimuler qu'il menace déjà ruine et que dans peu d'années ce ne sera qu'un petit tas insignifiant de décombres s'abîmant dans la masse universelle des décombres que les siècles résolvent en cendres.

Comment ne pas devenir au moins bourru à ce moment où l'on reçoit dans les yeux, le premier nuage de cette poussière aveuglante ; au moment où apparaissent l'instabilité, sinon le néant, des choses dans lesquelles on a fait passer l'ardeur, les générosités, les forces de sa vie ? Personnellement, j'ai d'ailleurs un motif tout particulier de devenir bourru. Ce n'est pas en vain qu'on change d'existence quand la moustache grisonne. Voici qu'à la vie uniforme et paisible d'un sage qui borne son ambition à planter ses choux, succède pour moi la vie toujours mouvante du citoyen de Paris; voici qu'après avoir vécu loin des hommes et des choses, je me retrouve mêlé aux hommes et aux choses.

Je me sens un peu dépaysé sur ce théâtre à la fois ancien et nouveau ; j'éprouve, devant la comédie humaine qui se joue, des étonnements naïfs d'un autre âge; la société, qui me semblait bien nerveuse, bien souffrante quand je l'ai quittée, me paraît sérieusement malade aujourd'hui. Je trouve un abaissement considérable dans ses forces vitales, et, çà et là, sur ce corps épuisé, la hideuse gangrène continue sourdement son œuvre. Voilà ce qui fait hausser les épaules à mon neveu Alfred. Mon neveu Alfred est l'enfant type du siècle, le plus charmant des petits crevés. Quand nous causons, il y a entre nos paroles et nos personnes la plus étrange anomalie : ce qui s'échappe de dessous ma perruque est toujours plus vivifiant, plus généreux que ce qui s'échappe de dessous son joli crâne d'ivoire.

Enfoncé jusqu'aux yeux dans son confortable, emmailloté dans ses élégances, dans ses raffinements égoïstes, il est parfois vieux d'âme jusqu'à la décrépitude, énervé de corps jusqu'au rachitisme.

Quand il a conduit avec succès le cotillo à un bal de la cour, quand il a pu se faufiler jusque dans le cercle intime de madame de Metternich, quand il a été honoré de la familiarité du prince Napoléon, (qu'on peut courtiser mais non honorer), il se trouve arrivé d'un bond au sommet de ses ambitions, il a entrevu l'idéal qu'il s'est formé ; tout est bien, tout est beau autour, au dessous et au dessus de lui. Est-ce un être médiocre ou vicieux ?

Non, c'est un être en décadence qui descend avec son siècle. Sa vie multiple, privée, publique, intellectuelle, sociale, étant abaissante, il s'abaisse : ses relations, ses théâtres, ses romans, ses journaux, tout l'abaisse.

Quand j'ai passé une heure dans son appartement musqué, quand j'ai parcouru ses journaux, sortes de courriers bien famés du demi-monde ; quand j'ai promené mon regard sur ses murailles sans démêler parmi les mille objets élégants qui les couvrent un objet auquel puisse se rattacher la partie élevée de mon être, je rentre chez moi tout honteux, tout triste et parfaitement bourru.

Et quand je revois la jolie figure et la personne élégante de mon neveu Alfred, je me sens tout disposé à les injurier, à les traiter de marionnettes sans cœur, ni âme, ni intelligence, et quand les lèvres dédaigneuses de mon courtisan s'ouvrent pour me raconter la fade anecdote, ou l'effrayant scandale, ou les faits divers du jour, je sens en moi une voix intérieure qui répond avec mépris : « Petit crevé, petit crevé ! »

C'est par pure convenance personnelle que je rétiens l'épithète, et le plus alarmant est que ceux qui en ont été flétris ne s'en choquent plus, et portent légèrement cette grave injure. Alfred, qui rougirait d'avoir des gants fanés, un gilet de l'an dernier, sourit quand on l'assimile aux petits crevés du boulevard. C'est le cas de s'écrier : « Où allons-nous? » c'est surtout, hélas! le cas de penser : où s'en va la dignité humaine en France?

Mes efforts pour le faire sortir de l'espèce d'apathie hébétante où le plonge sa vie d'égoïsme et de plaisir n'ont pas été absolument inutiles. Depuis quelque temps, sans dépouiller l'esprit dénigrant particulier à cette génération d'hommes, il relit certains de nos grands auteurs. Il commence à admettre dans son admiration d'autre musique que celle d'Offenbach, il paraît se douter que l'art qui corrompt toujours et qui n'a d'autre ambition que de s'insinuer dans les boudoirs et sur les étagères n'est pas précisément le grand art ; il avoue que ce ne sont point les évolutions d'un corps de ballet ou le choix des boutons de manchettes qui doivent être les maîtresses préoccupations d'un homme appelé à servir son pays dans la politique ; il me laisse dire que le favoritisme n'a jamais été une école de grands citoyens et que ceux qui consentent à flatter apprennent naturellement à trahir; il suit avec une certaine assiduité les débats des Chambres, fort orageux en ce moment, et à mon plus grand contentement, il déserte le Jockey-Club pour le Palais—Bourbon.

Ce soir il m'est arrivé moins glacé, moins pommadé que d'habitude, un semblant d'émotion luttait sur sa jolie figure avec le flegme d'emprunt britannique que la tyrannie de la mode a la puissance d'y appliquer.

— Encore une émeute? lui ai-je dit.

— Non, la guerre! a-t-il répondu.

— Avec?

— La Prusse.

Depuis quelque temps il n'est guère possible d'échapper aux préoccupations politiques. L'acceptation du trône d'Espagne par le prince Léopold de Hohenzollern, les réclamations du gouvernement français, les notes échangées entre les chancelleries ont creusé un de ces courants impétueux d'opinions et d'idées auxquels on se laisse toujours quelque peu entraîner.

Cependant on reculait devant une certitude.

Je questionnai longtemps Alfred. Il avait assisté à une séance orageuse du Corps législatif; la déclaration que le duc de Grammont avait faite à la tribune équivalait, assurait-il, à une déclaration de guerre.

Ma pensée n'a plus qu'un objectif : la guerre. Sur ce thème, je me souviens et j'imagine. Ce soir j'ai écrit l'article suivant, où se sont condensés mes craintes et mes espérances, mon patriotisme et ma foi.

# LA GUERRE ET LA RELIGION

## I

### AVANT LE COMBAT.

Il est soldat. Porte-t-il un uniforme éclatánt,
ou son vêtement est-il fait de drap grossier?
L'âge a-t-il dépouillé sa tempe, ou son front se
couronne-t-il encore d'une brillante auréole de
vie? Les horizons humains s'étendent-ils à
perte de vue devant son fier regard, ou ses
yeux ne dépassent-ils pas les horizons étroits
d'une vie obscure? Est-il fait pour commander?
Est-il destiné à obéir? Un sang ardent, fer-
menté par le soleil du Midi, court-il dans ses
veines? S'est-il éveillé à la vie dans les froides
régions du Nord? Est-ce un enfant de la gaie

Provence? un fils de la mélancolique Bretagne?
A-t-il bâti autour de lui cet édifice d'amour qui
s'appelle une famille? Vit-il indépendant, livré
aux espérances et aux rêves de l'avenir? Je
l'ignore ; je ne sais qu'une chose, c'est qu'il est
soldat, et que, lorsque sa patrie menacée ou
insultée crie : *Aux armes !* il se lève, adresse
à tout ce qu'il aime un adieu déchirant et
part.

Où va-t-il mourir ou vaincre? Il ne le sait
pas. Arraché soudain à l'existence qu'il s'est
faite, il marche, s'exerçant au mépris de la
mort, avec un cœur débordant de vie, énergiquement résolu à tous les sacrifices, entraîné
par la main de fer qui est venue le saisir au
milieu de ses études, de ses joies, de son repos,
de ses labeurs, ne voyant plus que le glorieux et
éclatant lambeau qui flotte à la tête de son régiment, n'entendant plus que la voix qui crie à
son oreille : *En avant !* Il sait qu'il ne s'appartient plus, et que le passé et l'avenir n'existent
plus pour lui ; sa vie est devenue le jouet des
événements. Quand il se prépare au repos du

bivouac, la trompette sonne ; quand il espère se mesurer avec l'ennemi, il faut camper. Aussi incertain dans ses mouvements que la nacelle livrée au caprice des vents sur une mer orageuse, il va, il vient, il avance, il recule ; c'est un sublime automate que conduit le roulement d'un tambour et la fanfare d'un clairon ; c'est un joueur aveugle auquel échappent toutes les combinaisons de la partie sanglante qu'il joue. Il marche, il marche, et il se trouve tout à coup en présence de cette invisible, insaisissable et terrifiante réalité qui a nom : *la Mort*. C'est ce spectre qui se dresse tôt ou tard devant le soldat et qui projette une ombre funèbre sur la gloire, cet autre fantôme au regard étincelant, au sourire fascinateur, qui traîne son prestigieux manteau de pourpre sur les champs de bataille.

La rencontre entre la mort et le soldat est solennelle, et si le soldat ne tremble pas, il pâlit. L'enthousiasme des premières heures s'est évanoui, les fatigues physiques ont accablé son corps, les émotions inhérentes au terrible jeu de la guerre ont fait vibrer douloureusement les fibres les plus intimes de son âme, il comprend qu'il s'agit de l'immolation de tout son être, et il accepte héroïquement le sort qui lui est fait, il n'a qu'une pensée : défendre sa patrie ; il n'a qu'une volonté : faire son devoir, et il attend avec calme que le grand jour du combat decisif se lève.

Il s'est levé ! Deux armées, deux nations sont en présence. La Mort, comme un vautour sinistre, accourt à tire-d'ailes vers ces champs fertiles, vers ces vertes prairies, vers ces coteaux brillamment ensoleillés, encore vierges de sang humain. Les généraux disposent leurs formidables engins de guerre et font mouvoir ces masses d'hommes comme un joueur, ses échecs d'ivoire. Un silence solennel, avant-coureur du combat, règne dans les deux camps.

Que se passe-t-il alors dans chacun de ces soldats, courbés, tout frémissants, sur leur arme meurtrière ?

Le sentiment de la conservation, le souvenir poignant des êtres qu'ils aiment, ont d'abord

suspendu les battements de leur cœur intrépide ;
un nuage a passé sur leur front, et une indé-
finissable expression d'angoisse, dans leur regard ; mais le signal du combat retentit, et
voilà que l'élan du patriotisme allume un
incendie dans les veines de chacun de ces
hommes.

Le sabre au poing, la baïonnette en avant,
ils s'élancent, bondissent, se précipitent contre
l'ennemi. Ces deux armées, après avoir lutté à
distance et s'être décimées avec un sang-froid
terribles, en sont venues aux mains. Pareilles à
deux torrents irrésistibles, dévastateurs, elles
s'entre-choquent au milieu d'un nuage de poudre
et bientôt se confondent.

Le soleil éclaire de sa lumière impassible ces
scènes de destruction ; sous ses rayons vivi-
fiants, les hommes tombent comme des épis
mûrs, fauchés par les foudres qui sillonnent en
tous les sens les épaisses phalanges, le sang
coule à grands flots, et la vie s'écoule avec le
sang.

# II.

## APRÈS LE COMBAT.

Les terribles moissonneurs ont achevé leur tâche sanglante ; vainqueurs et vaincus ont déserté ces lieux d'horreur encore tout imprégnés du parfum enivrant de la poudre et sur lesquels la nuit plane. Ah ! qu'elle vienne, qu'elle recouvre de ses voiles les plus épais le sombre théâtre du drame ; car, comment oserait-on en soutenir maintenant la vue? Que de générations sont couchées là dans leur fleur ! quelle épouvantable hécatombe humaine ! Le cœur se brise, car l'oreille entend et les plaintes déchirantes des blessés et les sanglots de ceux qui les pleureront. N'avez-vous pas senti passer sur vous un souffle d'agonie, ô mères, ô femmes, ô sœurs? N'avez-vous pas entendu siffler à votre oreille attentive cette balle qui transperçait le cœur qui se nourrissait de votre tendresse? N'avez-vous pas maintes fois, le cœur palpitant, tendu les bras pour recevoir le cher blessé? Hélas! hélas! ils tombent seuls, les vaillants soldats, ils roulent les uns sur les autres comme le flot sur le flot, et l'on aperçoit des amoncellements fumants formés de corps d'hommes.

En face de cette destruction, la lamentation sublime de Job semble se poser d'elle-même sur les lèvres encore vermeilles de tous ces jeunes morts ensevelis dans une glorieuse défaite ou dans un glorieux triomphe.

« Vos mains m'ont formé avec tant de soins, Seigneur, s'écrient-ils, vous avez arrangé avec tant d'art toutes les parties de mon corps, et maintenant me voulez-vous donc détruire? Souvenez-vous que vous m'avez fait comme un potier fait un vase avec de l'argile, et me voudriez–vous donc faire tourner en poussière ? »

Après le combat, alors que les vainqueurs boivent à longs traits l'ivresse de leur triomphe, alors que les vivants frémissent de bonheur à la seule pensée des joies du retour ; que la gloire distribue ses récompenses magnifiques ; alors que se lève, derrière les vapeurs sanglantes du champ de bataille, la brillante aurore de la paix, voyez s'avancer sur la lugubre arène cette femme au blanc vêtement, au front serein, au regard compatissant, au céleste sourire. C'est la fille de Dieu, la religion qui surgit parmi ces ruines humaines, elle passe, et de la main fait signe à ses ministres : ils accourent. Voici le prêtre ; il se courbe vers les mourants et leur donne l'absolution suprême ; il murmure à l'oreille du blessé illustre comme à celle du soldat obscur les paroles de l'éternelle espérance ; il leur montre à tous l'image de Celui qui a dit en face de la mort: « Je suis la résurrection et la vie ! » Voici la sœur de charité ; ses mains pures et dévouées apportent la goutte d'huile pour la blessure et la goutte d'eau fraîche pour la lèvre altérée. Voici enfin, quand le cœur a cessé de battre, quand les lèvres de chair se sont à jamais scellées, quand l'âme s'est échappée de sa prison, voici l'auxiliatrice du purgatoire, dont la prière, les souffrances et les dévouements suivront cette âme dans les régions éternelles et la poursuivront jusque dans les abîmes de la purification.

Les religieuses auxiliatrices, ce sont les amies d'outre-tombe.

Elles se lèvent dans le champ de l'Église, ces nouvelles épouses du Christ, comme une protestation vivante contre l'oubli qui menace les morts, contre l'ingratitude ou l'inconstance humaine. Ah ! que pendant la guerre vos prières et vos sacrifices redoublent, ô femmes héroïques ! immolez-vous, immolez-vous ! voici l'heure ; soyez les anges invisibles du sanglant champ de bataille ! emparez-vous des âmes de ces vaillants qui meurent l'épée à la main ! priez, souffrez, sacrifiez-vous pour elles.

Voyez ! en ce moment la vie du temps s'évanouit comme une ombre légère pour des milliers d'êtres ! Voyez combien d'hommes sont saisis par la mort dans l'orgueil même de la vie, et terrassés avant d'avoir pu, d'un élan de cœur, monter jusqu'au juge souverain devant lequel ils comparaissent ! Voyez quelle abondante moisson vous font ces agents destructeurs, enfants du génie de l'homme ! Voyez quelle chute d'âmes !

Elles tombent dans cette redoutable et mystérieuse Éternité plus pressées que les feuilles sèches que le vent d'automne fait tourbillonner dans les carrefours des forêts. Où vont-elles ? où vont-elles ?

C'est l'éternel secret de la divine justice, mais aussi de la divine miséricorde ; et c'est encore, hélas ! l'éternelle question que s'adresseront ceux qui les aimèrent et qui ne mettent pas toute leur espérance en cette vie fragile, éphémère, qu'un grain de plomb détruit.

*<br>
* *

Les événements jettent toute une perturbation dans ma paisible vie. Je lis assidûment les journaux, je passe très-souvent les ponts pour aller ouïr parler le Paris bruyant et causeur, j'ai toujours mon chapeau sur la tête et ma canne à la main.

Paris tout entier devient mal à son aise ; l'opinion publique, toujours facile à ébranler, se surexcite de plus en plus ; le *casus belli* s'affirme dans les journaux et se discute dans la rue. On se sent arraché à toute autre préoccupation.

Pour moi, je vois, avec un douloureux étonnement, les ministres et certains membres de la Chambre se livrer à des discussions passionnées qui enveniment la question et précipitent fatalement les événements. A chaque heure, la situation s'aggrave, se tend. Des rassemblements de plus en plus nombreux entourent le Palais-Bourbon, la Bourse a de terribles secousses et des reculs significatifs, et c'est sur les degrés du Corps Législatif que se cote la rente.

Ces préoccupations exaltent les têtes ardentes, le peuple devient flâneur et déserte les ateliers. D'un jour à l'autre, et sans avoir de nouvelles raisons à mettre en avant, on hait davantage la Prusse ; rester modéré est un crime. Je suis, avec un intérêt profond mais triste, cette convulsion politique et sociale ; je me trouve pour la première fois en face d'un grand peuple, mis tout-à-coup aux prises avec ces complications inattendues qui surgissent dans la vie des nations.

Mais pourquoi mille passions égoïstes se mêlent-elles aux débats ? La passion s'exhale des pavés de Paris et menace de tout incendier.

Les hurlements de la foule, les paroles singulières qu'échangent les députés français, me paraissent un étrange et dangereux accompagnement aux discussions d'où de si graves événements peuvent sortir ; et parfois, en méditant sur les paroles et les actes de ces hommes chargés de gouverner ou de représenter la France, je me demande s'ils ne s'aveuglent pas volontairement eux-mêmes, s'ils ne nous en-traînent pas follement à un abîme. Quand, dans mon appartement solitaire, je réfléchis à froid aux horreurs de la guerre et aux incertitudes de la victoire, je ne m'explique pas les impru-dences, les excitations, les convulsions dont je suis le témoin, et cela me rend bourru au super-latif.

* *

Évidemment, le gouvernement pousse à la guerre, et le parti de l'opposition, rend la guerre imminente par ses violences. Ce soir, pris de spleen, après la lecture des débats de la Chambre, j'ai couru chez la comtesse de Lémanval. Elle est fort au courant des ques-tions brûlantes du jour, et par la nature élevée de son esprit, elle plane au-dessus des nuages

épais d'amour-propre et d'imbécile présomption qui dérobent à nos gouvernants la vue
réelle de la situation.

La comtesse était soucieuse, et d'un regard
en quelque sorte prophétique elle regardait
couler le flot de larmes et de sang qu'on se
prépare à faire jaillir du sol même de la patrie.

Peu à peu son vif et charmant esprit a repris
le dessus, et l'un et l'autre nous nous sommes
évertués à trouver des chances de victoire dans
cette guerre qui nous produit l'effet fiévreux,
désagréable, propre à tout impromptu.

Nous avions ainsi mis les choses au mieux,
entassé espérances sur espérances, ce qui n'était
que modeste, en comparaison des enthou-
siasmes de la presse et des hurlements triom-
phants de la rue, quand tout à coup j'ai vu
glisser, sur les lèvres expressives de la comtesse de Lémanval, ce sourire mordant qui est
comme la révélation de la tendance un peu
frondeuse de son esprit.

— Qui condamnez-vous en ce moment, madame? lui ai-je demandé.

Son sourire s'est accentué.

— Le général en chef, m'a-t-elle répondu.

Et, devenant tout à coup sérieuse, d'une voix métallique, pleine d'inflexions passionnées, elle a ajouté :

— C'est parce que j'aime profondément la France, que je tremble de la voir conduite au combat par Napoléon III. Je ne crois pas à son génie militaire, et s'il n'a pas de génie militaire, nous sommes perdus.

Cette opinion était absolument la mienne, et elle a été partagée par l'abbé de Callard, qui entrait en ce moment, et qui part dans huit jours pour les missions de Syrie. Le courageux apôtre était fort impressionné de quitter la France en ces heures solennelles.

En regardant cette figure intelligente et fine, e pensais que je voyais très-probablement cet homme pour la dernière fois, et j'éprouvais la pénible sensation d'une séparation ; c'était un personnage sympathique qui disparaissait de mon étroit horizon parisien. Nous avons échangé, en nous quittant, une véritable poignée de mains d'amis, et je l'ai laissé avec la comtesse. Je sentais que les deux anciens camarades d'enfance se trouveraient heureux de se trouver seuls pour leurs adieux.

*
* *

J'etais horriblement bourru ce matin, la guerre est bel et bien déclarée, nous voilà forcés de massacrer les Prussiens ou de nous laisser massacrer par eux.

Aussi quand ma bonne vieille Louison, après avoir patiemment subi ma bourrasque matinale, m'a dit ; « Pourquoi donc Monsieur est-il aujourd'hui d'une humeur massacrante? » je lui ai répondu :

— Parce qu'il est décidé qu'on organise des massacres d'hommes, Louison.

Avec son bon sens pratique, elle m'a immédiatement demandé qu'elle était la raison de ces massacres.

2.

Naturellement je n'ai pas développé devant
elle le long enchevêtrement des prétextes diplo-
matiques, et j'ai simplement répondu : « Il n'y
en a pas. »

La simple fille a été absolument déconcertée,
et ma réponse a paru singulièrement saugrenue
à son intelligence restée droite et saine.

Il est de fait que j'ai beau me presser le
front dans mes deux mains et me crier à moi-
même : Où donc est-elle, la raison de cette
guerre ? j'avoue que je ne la trouve pas : j'entends une raison sérieuse, valable, majeure,
telle qu'il en faut une pour que deux nations
se jettent dans les hasards, les dangers les souffrances de cette chose horrible qu'on appelle
la guerre.

* *<br>*

La rue et le boulevard ne sont pas de mon
avis. Je ne sais si tous ces gens-là ont découvert la raison que je cherche, mais ils crient à

tue-tête : « A bas la Prusse ! A Berlin ! » Les échos complaisants répètent les strophes superbes de la *Marseillaise* ; chaque passant — meurt pour la patrie — dans le *Chant du départ*. Une brise plus guerrière que patriotique souffle dès quatre points de l'horizon : le délire, le délire français vient. Je suis avec un intérêt profond mais triste cette convulsion politique et sociale. Enfoui jusqu'ici dans mes taillis, je n'avais jamais assisté à un tel spectacle, je n'avais jamais vu la passion couler par les rues de Paris comme un torrent de lave. Elle fait irruption dans les conseils suprêmes, une sorte d'ivresse monte au cerveau des plus sages. Je regarde, non sans inquiétude, mon élégant neveu, qui traverse sa première crise patriotique. Sa physionomie est sérieuse, attentive, et je veux espérer que la mollesse de son éducation ne l'empêchera pas de remplir, à l'occasion, son devoir de citoyen. Tout à l'heure il me disait : « Cette guerre sera rude et sanglante, les hommes graves qui savent approfondir les situations et qui jugent impartialement les hommes et les choses sont extrêmement soucieux. »

Les départs de troupes ont commencé, et chaque jour l'impressionnable foule parisienne conduit triomphalement des régiments à la gare. C'est un enthousiasme aussi irréfléchi qu'indescriptible. La *Marseillaise* a complétement reçut le droit de cité, on la chante, on la hurle, on la murmure partout. Cette musique entraînante fait vibrer l'air et enivre les esprits, mais, quand mon regard pénètre dans ces foules en délire, j'aperçois bien des visages douloureusement crispés, je vois couler bien des larmes. Les églises se remplissent, car la prière commence à se replacer sur bien des lèvres déshabituées de prier. Alfred ne s'occupe que des mouvements si divers de l'opinion et des discussions quotidiennes des Chambres. Nous défendons énergiquement M. Thiers, qu'on in-

sulte publiquement pour son obstination à demander la paix. Sous ce titre : *Opinion du plus
grand patriote de France*, le roi de Prusse a fait
afficher par toute l'Allemagne les paroles pro-
noncées à la Chambre par l'éminent historien.
Les électeurs parisiens ne parlent rien moins
que de lui retirer le mandat de député qu'ils lui
ont confié, et des rassemblements séditieux se
succèdent devant son hôtel.


ous avons éprouvé un échec à Wissem-
bourg. La consternation est générale. L'ombre
de succès remporté à Sarrebruck avait exalté
nos Parisiens, et ils se figuraient bénévole-
ment que nous allions marcher de victoire en
victoire. Je l'écris avec émotion, Alfred a pris
soudain la résolution de s'engager comme
volontaire. Le fatal télégramme de la défaite
lui a été communiqué au conseil d'État, et il

s'est immédiatement rendu au bureau d'enrôlement.

J'ai donc pu serrer avec orgueil dans mes bras mon cher petit crevé auquel les douleurs de la patrie ont rendu soudain l'élan généreux, les dévouements héroïques de la jeunesse. Je lui ai promis d'aller apprendre à sa grand'mère une résolution qu'il faudra lui révéler avec ménagement. Le jour où il quittera Paris, je partirai pour la Bretagne.

*

Alfred vient de se présenter devant moi en uniforme. Cet uniforme qui est très-simple, se compose d'une courte tunique bleu foncé à parements et à liserés rouges, d'un pantalon d'un bleu plus clair se perdant dans des guêtres de toile blanche, d'un képi de la couleur de la tunique avec bande rouge. Le mobile, le moblot, disent déjà les Parisiens, m'apparaissait en sa personne.

J'ai salué le nouveau soldat français.

*
* *

Je voisine beaucoup avec l'abbé Martial, qui habite avec sa sœur l'appartement qui me fait face. Nos relations se sont tout d'un coup mises sur le pied de guerre, c'est-à-dire sur le pied de l'intimité. Membre très-actif du clergé de Paris, l'abbé Martial n'a pas comme moi à tuer le temps, mais il est entendu que nous politiquerons ensemble le soir. « Par ce temps de fièvre, m'a dit le bon abbé, il faut absolument politiquer un brin. »

Donc, nous nous réunirons le soir dans son petit salon, et, les journaux en mains, nous résumerons la journée politique et militaire.

Mademoiselle Eugénie Martial se propose de tenir en réserve une tasse de thé dans le cas où la discussion s'échaufferait entre les deux orateurs. Mademoiselle Eugénie est une douce et sainte fille devant laquelle on n'est pas longtemps bourru, tant elle met d'adresse à vous inoculer son inaltérable sérénité.

*<br>* *

Ce soir j'ai dîné chez la comtesse de Lémanval. Notre conversation n'a roulé que sur la guerre qui commence. Nous étions également soucieux, également tristes, également découragés. Tout à coup notre attention a été attirée au dehors par des cris assourdissants. Un régiment en partance passait sous les fenêtres. La physionomie sévère des officiers s'ajustait singulièrement aux pressentiments douloureux qui nous assaillent. Naturellement, le peuple poussait ses cris enthousiastes, et du sein des groupes la *Marseillaise* s'élançait tout armée ; c'était enivrant, c'était superbe pour la galerie. «Vous allez à la gloire ! » a dit un ouvrier à un sous-officier à barbe grise qui s'arrêtait pour laisser passer quelqu'un. Le vieux chevronné l'a regardé d'un air sombre et a répondu en emboîtant le pas : « A la boucherie ! »

Après le dîner, notre conversation, pleine de pressentiments douloureux et d'élans vers la paix, a été interrompue par l'entrée de hauts personnages politiques.

C'était la première fois que je me rencontrais avec un de ces hommes qui ont tenu et qui tiennent encore entre leurs mains les destinées de la France. J'avais quelque peu sympathisé avec celui-ci, lors des émeutes de février, et j'étais bien aise de le voir d'un peu près.

Il est laid, d'une laideur flasque, déplaisante pour un homme appelé à commander l'attention. La comtesse n'avait pas à se louer de ses pro—cédés, et j'ai prévu qu'il payerait cher cette visite qui, dans les termes où ils sont, ne man-quait pas de fatuïté. Il a refusé une mince faveur que sa délicate bonté l'avait poussée à solliciter.

Quand une femme de ce genre condescend à

demander quelque chose, c'est qu'elle rend un service, et le grand homme en question s'était imaginé de garder un silence quelque peu impoli sur sa recommandation.

Elle connaît de longue date les hommès et leurs faiblesses, elle ne lui en voulait pas, mais elle trouvait bon cependant de s'envelopper devant lui dans ce burnous de gaze qu'on pourrait appeler l'impertinence aristocratique.

Nulle ne le porte mieux que la comtesse de Lémanval. Comment rendre ce mélange de hauteur aimable, de courtoisie raffinée et glaciale, de dédain chatoyant ? Je n'oublierai jamais cette joûte curieuse entre ces deux puissants, cette lutte d'esprit entre ces deux intelligents. L'homme a eu tout de suite le dessous. Il me faisait l'effet d'un chacal livré à une panthère dont les pattes élégantes portaient des gants de velours. Elle le tournait, le retournait, s'en rapprochait, s'en éloignait, le jetait en l'air et puis le rattrapait sur ses griffes gantées. Mais le gant avait certainement des trous, car de temps en temps une gouttelette de sang témoignait que la griffe d'ivoire avait rencontré les chairs. Nous nous associions tacitement au triomphe de la comtesse. En voyant une grande nation se saisir de ses armes et appeler un ennemi redoutable en champ clos, on a le droit d'interroger ceux qui tiennent les dés en leurs mains et de leur demander autre chose qu'un stérile et vaniteux contentement d'eux-mêmes. A toutes les sérieuses réflexions de la comtesse, notre courtisan remuait ses longues épaules et disait, avec un dédaigneux sourire : « Nous n'aurons que des victoires ! » Impossible de l'arracher à cet optimisme.

Il avait mesuré le géant prussien, et il le voyait déjà abattu, par terre.

— On dit cependant que cette armée a un matériel formidable, disait la comtesse.

— Allons donc !

— Des mitrailleuses.

— Oui, celles dont Lebœuf n'a pas voulu.

J'ai gardé, je ne sais trop pourquoi, de cette soirée un souvenir pénible et un pressentiment sinistre. Nos hommes d'État me paraissent infatués de leur toute-puissance. Pas un mot de Dieu dans leurs discours : eux, toujours eux, rien qu'eux ! Mais enfin, messieurs, est-on parfois tenté de s'écrier, avez-vous oublié que vous n'êtes que des hommes ?

En revenant chez moi, j'ai été précédé par un groupe d'ouvriers qui remontaient la rue Bonaparte en hurlant : « Vive la paix ! » C'est le cri séditieux du moment.

Une fenêtre d'un quatrième étage s'est ouverte et un homme échevelé, s'avançant presque à mi-corps, s'est mis à hurler : « A bas les lâches ! » Alfred haussait les épaules. « Ces Parisiens sont fous, m'a-t-il dit : la même journée, ils demandent la guerre, ils réclament la paix, ils forcent, par leurs clameurs, la main aux gouvernants trop faibles ou trop présomptueux. C'est un véritable désordre qui pourra nous mener finalement à des abîmes. »

*<br>* *

* *

Alfred est parti, c'est un brave enfant. Son dernier mot a été : « Surtout, consolez bonne-maman. » Je lui ai dit : « Je pars ce soir pour la Bretagne. »

* *

A huit heures, ce soir, j'ai pris le chemin de fer de l'Ouest à la gare Montparnasse. Les wagons étaient au complet, ce qui est toujours déplaisant ; mais le mouvement du va et vient général commence. Les hommes qui m'entouraient ne s'occupaient naturellement que de la guerre, et je n'oublierai pas le profil agaçant de mon vis-à-vis, qui représentait au vif pour moi ce type usé plutôt que perdu, du bourgeois, être épais et suffisant que notre civilisation de clinquant a arraché à la vie solide, modeste, et qui n'a jamais le bon sens d'y retourner.

C'est l'homme qui ne sait rien et qui parle de

tout parce qu'il s'approprie tout ; c'est l'homme
qui accuse, qui jalouse, qui babille, qui irrite,
qui fait des mots ; c'est l'homme médiocre,
qui n'est pas méchant sciemment, mais super-
lativement insupportable. Celui-ci l'était à dé-
chaîner les plus résignés. Quand j'entrai dans
le wagon, à Paris, il parlait ; quand il en sortit, à Chartres, il n'avait pas cessé de parler.
Et quelle voix, bon Dieu ! pleine, sonore, in-
fatigable, un tribun de carrefour. Il répéta à
propos de la guerre, mais comme venant de son
crû, toutes les assertions des journaux, il en
possédait une pile derrière lui, il avait large-
ment puisé dans ce tas de papier, il s'y était
gorgé d'opinions, et il nous servait tout cela
avec une désolante mais prodigieuse mémoire.
En le voyant palper ces papiers imprimés, je
me sentais venir je ne sais quelle haine pour
Guttemberg. « En vérité, pensais je, cela vaut
bien la peine d'avoir inventé l'imprimerie, si
elle ne sert qu'à exalter de si pauvres intelli—
gences, à fausser de si minces esprits. » Je finis
cependant par le supporter, le prenant du côté

comique, et je dois dire que mon attention redoublait sa verve, et quelle verve il avait ! La France et l'armée s'étaient incarnées en lui.

« Nous exigerons ceci, nous accorderons cela, nous marcherons par-ici, nous les envelopperons par-là. » Il arrondissait ses gros bras, et les armées prussiennes étaient enveloppées. C'est ainsi qu'il a fait toute la campagne, s'applaudissant de ses succès, écrasant toujours l'ennemi, amassant des preuves de son infaillibilité guerrière, gesticulant, riant, s'essoufflant, réformant les hommes, les choses et les cartes de territoires, mêlant toutes les opinions, tous les systèmes, faisant passer par le laminoir épais de son esprit, pour nous les servir, tous les articles de journaux qu'il avait dévorés dans la journée. Heureusement, mon second voisin était un brave homme dont la figure placide me reposait.

Également doué d'une voix de stentor, il faisait de temps en temps une sorte de concurrence à notre vis-à-vis politique, mais conversait le plus souvent avec le wagon voisin, dans

lequel il avait entassé tout un bataillon féminin
composé d'élèves de Saint-Denis. La place
manquant dans ce wagon, il avait échoué
parmi nous avec une enfant de douze ans ; mais
sa fille était restée dans le gros du bataillon, et
sa forte voix, passant par l'ouverture ménagée
pour la lampe qui éclaire les wagons, il dialo-
guait avec « Ugénie ». Hélas ! il disait *Ugénie*,
mais quel excellent père et quel digne homme
c'était ! A chaque silence forcé de notre Démos-
thènes d'estaminet, il élevait la voix pour demander : « Êtes-vous bien, mes enfants ? » Et
il fallait voir son air content en entendant la
réponse. Il parlait aussi de la guerre, modeste-
ment, fort pratiquement. Il ne disait pas comme
notre beau parleur : « Nous avons fait ceci,
cela ; il ne prenait pas les villes, il n'abattait
pas les forts, il ne gagnait pas à l'avance les
batailles, mais il discutait, comparait, et donnait fort sensément la réplique.

Un peu avant Chartres, un vide s'était fait
dans notre wagon, et mon brave voisin a commencé un dialogue avec son Ugénie.

— Ugénie, disait-il, à Chartres, nous allons prendre ta cousine, il y a une place ici pour elle, ou bien nous la ferons monter dans ton wagon, si tu préfères venir avec moi.

Il y avait toute une délicate et tendre question dans cette phrase.

— Dis, Ugénie, reprit-il ne recevant aucune réponse, Caroline prendra ta place et tu pourras passer dans notre wagon, si tu aimes mieux venir avec moi.

Je commençais à trembler. Que répondrait l'enfant ? Allait-elle, par une ingratitude précoce et par un égoïsme trop commun, préférer la société de ses bruyantes compagnes à celle de ce père dont elle avait été si longtemps séparée ? allait-elle, ne fût-ce que par irréflexion, se montrer cruellement indifférente ?

— Oui papa, répondit enfin une très-douce petite voix, j'irai dans ton wagon et je céderai ma place à Caroline, car j'aime mieux être avec toi.

Et un doigt glissa contre le verre de la lampe, et mon bon voisin se leva et alla prendre ce petit doigt entre ses deux gros doigts, et quelques tendresses furent encore dites à l'enfant. Je suivais avec d'autant plus d'intérêt toutes ces petites scènes familières, qu'elles m'empêchaient d'entendre l'insupportable parleur du coin. Nous en fûmes débarrassés à Chartres, et Ugénie fit son entrée. C'était une grasse petite fillette de quatorze ans, qui avait les plus jolis yeux noirs du monde, une physionomie douce et sensée, et qui se logea auprès de son cher père, avec un petit air content qui me ravit vraiment.

Je ne devais pas les revoir. Quand j'ouvris les yeux à Rennes, aux premières lueurs du jour, ils avaient disparu.

⁂

A mesure que je pénétrais en Bretagne, j'étais charmé de la fraîcheur et de la tranquillité des paysages. Je ne pouvais sortir à Paris, sans me heurter aux foules enivrées et bruyante qui acclamaient les brillants régiments et s'en allaient, en chantant, les conduire à la gare. C'était donc un suprême repos pour moi de voir couler doucement les jolis ruisseaux qui ne chantaient point la *Marseillaise*, de voir le soleil se jouer sur les grands prés verts, de voir les troupeaux flâner paresseusement dans les jachères, et de n'entendre d'autre bruit discordant que celui que produisait notre locomotive sur les rails sonores.

Quand je suis descendu dans le frais vallon où s'élève, entre deux rivières limpides, l'habitation de ma vénérable tante, j'aurais complétement oublié la guerre si je ne m'étais senti au cœur un certain point douloureux qui s'y logeait depuis le départ d'Alfred.

Je pensais la surprendre : mais ma chère nièce Marie avait eu je ne sais quel pressentiment, et elle errait par sa cour au moment de mon arrivée. C'est elle qui m'a reçu et qui m'a conduit dans le petit cercle de famille. Là, j'ai appris avec ménagement et avec émotion le départ d'Alfred. Une grande douleur s'est peinte sur tous les visages, mais pas un mot de blâme ne s'est fait entendre.

— Que Dieu bénisse et garde le courageux enfant, a murmuré la grand'mère en joignant ses mains tremblantes.

Pour opérer une diversion, j'ai demandé les enfants. Marie m'a fait traverser un corridor, je me suis trouvé inopinément placé entre quatre garçons de taille inégale.

Quel groupe charmant ils formaient ! L'aîné, les cheveux coupés ras, droit et souple comme un jeune peuplier, se tenait au centre du groupe; le plus jeune, René, mon filleul, soulevait des deux mains ses jolis cheveux châtains pour me bien voir. Ils ont passé dans mes bras tour à à tour, et puis ils m'ont suivi en ami, et nous sommes tous allés surprendre mon neveu Henri dans ses champs. Il y fumait très-paisiblement sa pipe, un journal entre ses mains. Il m'a appris qu'il y avait eu un engagement des plus meurtriers, auquel, Dieu merci, Alfred n'a pu prendre part. Notre conversation s'est continuée sur ces graves sujets. J'ai désiré passer l'après-midi de mon arrivée en plein champ, et nous n'avons pas quitté Henri. Le temps était superbe. Un tout petit filet d'eau gazouillait à nos pieds en glissant sur les pierres polies et noires ; le soleil couchant dorait merveilleusement la fleur jaune des genêts, lustrait le feuillage des pommiers. La nature était très-belle et très-calme, le ciel très-calme et très-beau. Malheureusement, les fils imperceptibles tendus entre ciel et terre traversaient l'azur splendide, et sur ces fils mystérienx couraient peut-être des dépêches de mort. Cette pensée agitait notre repos.

*<br>* *

Je me retrouve en wagon, à ma plus grande surprise, et je cours vers Paris en jetant un regard mélancolique vers la campagne bretonne, si verte et si paisible ; j'ouvre tous les stores pour voir la nature sous son charmant voile perlé du matin, pour respirer au large et faire comme une bonne provision d'air pur, vif, parfumé. Oh! qu'il sent bon cet air qui a passé sur les vagues, sur les sapinières, sur les haies fleuries, sur les bruyères; comme il est vivifiant, comme il circule dans tout notre être!

Mais de terribles nouvelles sont venues me saisir dans ma verte oasis, et je la quitte soudainement.

Cette brillante et vaillante armée, qui s'en allait en chantant vers l'ennemi, a essuyé des revers. Les engagements de Weissembourg, de Reichshoffen, de Forbach, ont jeté la consternation en France. Hier soir Henri nous a rapporté ces tristes nouvelles. Les étrangers passent victorieusement les frontières, Paris est en ébullition. Et voilà pourquoi je suis ce matin en wagon. Je ne puis rester aussi loin de Paris. Paris, le centre des affaires et le siége du gouvernement, doit nécessairement recevoir de première main les dépêches, c'est la tête, sinon le cœur de la France, et il me semble que je serai moins inquiet d'Alfred à Paris.

Quelle fantasmagorie militaire est ce voyage!
De chaque gare s'élancent des bataillons de
conscrits. Les wagons à bestiaux sont pleins
d'hommes, et il est étrange d'apercevoir à travers le grillage de bois ces figures riantes et
sauvages, ces gars ébouriffés qui se hèlent
d'un wagon à l'autre par des cris qui font pâlir
les femmes nerveuses. « A bas les Pruchens !
crient-ils en chœur dans leur jargon. Les Pruchens ne gagnera pas ! »

Et, essayant de saisir l'air de la *Marseillaise*,
ils en composent une plus sauvage, dont ils ac-
commodent les paroles à leur prononciation
celtique :

> « Marchons, marchons jusqu'à Berlin
> « Étrangler les Pruchens ! »

Mais le départ de ceux qui n'ont pas encore
fait le pas décisif hors de leur pays est surtout

singulièrement touchant. A la gare d'Hennebont, c'était un vrai tableau.

Les jeunes hommes debout attendaient, si-
lencieux et graves, l'arrivée du train ; contre
les barrières stationnaient les paysannes,
muettes et tristes, consternées, mais calmes,
comme il convient à des Bretonnes, et coiffées
de l'élégante capeline d'indienne claire qu'il
a pris fantaisie à la mode de leur emprunter.
Dans le fond, le joli clocher gris et dentelé
s'élevait au dessus d'une masse superbe de
feuillage. Les plus âgées d'entre les femmes
étaient à genoux. Quand le sifflet du départ s'est
fait entendre, les gars ont agité leurs chapeaux
en poussant de formidables hurrahs  et le biniou
a fait entendre son chant d'adieu, ou plutôt son
lai guerrier.

Il a vraiment des accents émouvants pour des
oreilles bretonnes, cet instrument rustique qui
s'appelle un biniou. Aujourd'hui, hélas! ce
n'est pas à la danse qu'il convie, c'est au
combat.

Il y a eu changement de train à Redon, et

tous les conscrits ont défilé devant nous. Les étrangers que renfermait le train ouvraient de grands yeux devant ces gars à la mine mélancolique ou sauvage. Beaucoup dansaient leur élégant passe-pied sur l'asphalte. Tous, avec cet amour du clinquant qui distingue partout le peuple, s'étaient parés. Les uns avaient enfoncé dans leur mauvais chapeau de feutre de longues [plumes arrachées aux corbeaux tués aux dernières semailles ; les autres y avaient attaché une branche de genêt fleuri, un gros bouquet emprunté aux parterres des gares, quelques-uns y avaient enroulé des rubans éclatants et multicolores, qui naguère ceignaient, sous la coiffe de tulle, la tête de leur mère ou de leur fiancée.

Précédés par un drapeau tricolore, ils se sont rendus dans l'intérieur de la gare sous la conduite du sous-officier qui les recrutait. Là, ils se sont calmés soudain, ils se sont assis par terre sur leurs talons, comme ils s'asseyent d'habitude sur les revers des sillons, et ils ont étalé leurs provisions de route ; un morceau de pain de seigle enserré dans un mouchoir de coton à carreaux et suspendu à leur penbas ; une bouteille d'eau claire puisée à la source voisine de leur cabane.

Les gamins aux cheveux blonds, aux pieds nus qui errent toujours par les gares, sont venus les considérer avec admiration, et prendre près d'eux des leçons de patriotisme. Les voyageurs eux-mêmes s'y sont intéressés, plus d'un étranger a fait une distribution de cigares. Les vieillards regardaient avec une tristesse profonde cette rustique jeunesse arrachée violemment à la terre, à son foyer. Il est certain que la vue de cette double rangée de jeunes hommes donnait l'idée d'une coupe faite en plein taillis humain.

Il n'y avait pas moyen de ne pas chanter nos braves conscrits et, sur mes genoux ; j'ai décrit :


### ERWAN

Il a l'œil sombre et doux, et sur son front sauvage,
Ses longs cheveux mêlés retombent en rideau ;
Sur sa poitrine fauve on voit briller l'image
Que sa mère pendit à l'osier du berceau.

Ce gars, aux yeux rêveurs, à la fière tournure,
Germe sur un sol pauvre, à la grâce de Dieu ;
Ballotté sur le sein d'une rude nature,
Il a vécu longtemps, n'ayant ni feu ni lieu.


Il aime maintenant son clocher et sa lande,
Sa brune fiancée aux rustiques atours,
Oiseau libre des champs, au monde il ne demande
Qu'un simple nid d'argile et de saintes amours.


Mais un jour qu'il partait aux clartés de l'aurore,
Emportant sur son bras sa faucile d'acier,
Il vit flotter au loin le drapeau tricolore,
Et de ce jour Erwan est devenu guerrier.


Il part, il va quitter le blé doré qui penche,
La lande parfumée où le merle sifflait,
Où l'on voyait passer sous l'aubépine blanche
Les faneuses portant leur amphore de lait.


Il s'est mis à genoux au seuil de son église,
Il a dit : *kenavos* au maire, au vieux recteur ;
Il a baisé le front de sa belle promise,
Il a serré, tremblant, sa mère sur son cœur.


Il plante sur son feutre une plume arrachée
Au corbeau qui venait ravager le guéret,
Et, mêlant des rubans à la fleur panachée,
Il attache à sa veste un éclatant bouquet

Il voudrait effacer la trace de ses larmes ;
Il rit pour étouffer d'impétueux sanglots ;
Il agite les bras en demandant des armes ;
Il danse sur l'asphalte à fendre ses sabots !


Je le voyais hier s'avancer dans la gare,
Un morceau de pain noir pendait à son *penbas*.
Les voyageurs disaient : D'où sort donc ce barbare,
Qui s'abreuve d'eau claire et qui marche sans bas ?


Ce barbare guettait, dans les bois druidiques,
La louve à l'œil sanglant qu'ici nous redoutions ;
Il s'élance aujourd'hui sur les loups germaniques,
Qui cherchent des agneaux et trouvent des lions.


En avant ! brave enfant de la vieille Armorique !
Sus aux loups affamés ! frappe-les sans remords :
Et si le plomb brisait ton front mélancolique,
Nos échos rediraient le chant sacré des morts.


On verrait, sur le tertre où repose ton père,
S'agenouiller en pleurs, tes parents, tes amis,
Ton cadavre pourtant garderait la frontière,
Et sous ton œil glacé fuiraient les ennemis...


Va ! le barde inspiré, le poëte rustique,
Composerait un *sône*, Erwan, en ton honneur,
Afin qu'on sache bien, dans le pays celtique,
Que tu fus un martyr et mourus en vainqueur !

La halte a duré une heure à Redon, et nous sommes repartis pour Rennes.

Nos soldats en veste brodée et en bonnet de laine mettaient sans doute la tête à la portière, car, le long du chemin, hommes et femmes saluaient. Ce salut s'adressait évidemment aux futurs défenseurs de la patrie. A chaque petite gare, le même décor original et gracieux qui m'avait frappé à Hennebont se représentait. Entre les colonnettes de zinc des galeries apparaissait le fond d'arbres et d'arbustes, la masse feuillue délicieusement nuancée, et, se détachant sur ce fond vert riant, la foule pittoresque : paysans, gentilshommes, religieuses, soldats, enfants, et toujours ici et là un vénérable prêtre, son bréviaire à la main, et quelques vieilles femmes à genoux.

A Vannes, nos deux locomotives traînaient plus de cent wagons. Les femmes se faisaient de plus en plus rares.

A Rennes, il en est cependant entré quelques-unes dans mon wagon ; ces yeux-là avaient chaudement pleuré, et les visages défaits de ces désolées racontaient bien éloquemment les déchirements d'une récente séparation.

Pour augmenter nos dispositions mélancoliques, nous avons repris notre route au tomber du jour, alors que la nature si riante naguère portait le deuil de la journée qui finissait. Aux stations, nous entendions nos pauvres gars trouver, au fond de leurs obscurs wagons à bestiaux, que bien heureux étaient ceux qui avaient de la chandelle. En Bretagne, la chandelle, la vulgaire chandelle, est encore en honneur. Le soir était triste, c'était dans son rôle, mais d'une tristesse souverainement belle. L'atmosphère était grise, mais admirablement transparente, et la cime des arbres, par une dernière coquetterie du soleil, était richement festonnée d'or. J'avais rarement vu un plus brillant crépuscule. Il a peu duré, et la plus belle des nuits lui a succédé. Les stores ouverts laissaient passer l'air rafraîchi ; le ciel était sombre mais d'une teinte uniforme et très-pure, la lune scintillait, comme une gigantesque médaille d'or sans effigie, à travers les troncs arrondis des arbres. Malheureusement, nos désolées avaient de petits enfants nerveux, impressionnables, déjà fatigués, et il a fallu fermer les stores pour que ces pauvres petits se laissassent aller au sommeil, et, les stores fermés, nous avons tout naturellement fermé les yeux.

Quelle étrange physionomie j'ai trouvé à la plus brillante ville de l'univers ! Après la fièvre est venu l'abattement ; à l'abattement succède la prostration. Paris morne, c'est, il me semble, bien mauvais signe ; cette folle et vivante cité ne prend le deuil que quand elle se sent gravement malade. Elle l'est, hélas ! Le fer ennemi lui fait de larges blessures, et le sang de la France, un sang généreux, coule à grands flots.

Aussi, traverser Paris met la tristesse dans l'âme.

Paris est toujours le même, mais où sont les Parisiens? Où est cette foule affairée ou joyeuse? Qu'est devenu ce torrent de vie qui coulait à pleins bords sur les boulevards et qui débordait jusque dans les quartiers les plus éloignés du centre, jusque dans les rues les plus obscures?

La foule a disparu, le torrent impétueux n'est plus qu'un mince et pauvre filet d'eau. Les groupes s'amassent silencieusement autour des marchands de journaux, les visages défaits proclament notre défaite. Aujourd'hui, dans l'étroite et encombrée rue du Bac, je suis demeuré seul, un quart d'heure, ne voyant passer que l'omnibus, dont rien n'arrête la course fatidique. Ce silence était véritablement extraordinaire et singulièrement émouvant.

C'est dans cette même rue que j'ai été aperçu par le bon abbé Martial, qui n'en pouvait croire ses yeux. Il mettait et remettait son binocle en me suivant du regard, et j'ai dû lui faire un signe de reconnaissance ; sans cela, il s'éloignait sans oser m'arrêter. En me reconduisant rue de Bagneux, il m'a fait le tableau de la situation militaire, politique et sociale. J'en avais le frisson.

*<br>* *

J'ai trouvé l'abbé Martial tout accablé de fatigue physique et morale. Il revenait évidemment des pauvres réduits, car il était poudreux et il tenait à la main une bourse vide. Une pile de livres sales et déchirés s'élevait sur un guéridon auprès de lui. Contre son habitude il a répondu distraitement à mon bonjour. Lui trouvant l'air souffrant, je lui ai redemandé des nouvelles de sa santé.

Il m'a répondu en frappant un grand coup de poing sur les livres sales et en me disant :

— A vos yeux, mon ami, qu'est-ce qu'un livre ?

L'à-propos n'est pas mon fait, et je répondis :

— Un livre... c'est... ma foi, c'est un livre.

— Un livre, a repris le bon abbé avec des yeux étincelants, c'est un grain de poudre, enveloppé d'un papier blanc, lequel s'enveloppe de papier jaune, bleu, vert.

— Voilà, en vérité, une définition qui ne manque pas d'originalité, lui ai-je dit. Grain de poudre! c'est bien cela pour certains livres, mais pas pour tous.

— Pour tous.

— Allons donc. Pour un livre capable de déterminer dans les âmes une explosion quelconque il y en a qui ne déterminent rien du tout. Ce sont des cartouches vides.

— La poudre y est.

— Comment! un livre dont l'auteur n'a pas une idée, serait un danger, une puissance! me suis-je écrié?

— Oui, a répondu fermement l'abbé. Quand l'auteur n'a pas d'idées à lui, il prend les idées des autres. On a fait des milliers de livres de ces penseurs qu'on pourrait appeler des mineurs.

— Je vous assure, mon cher abbé, que notre
littérature, notre triste littérature actuelle, est
peuplée d'auteurs incapables de penser par
eux-mêmes et si profondément ignorants qu'ils
n'ont jamais entendu penser les autres.

— Ils ont entendu penser les autres. Cette
pensée leur arrive par dessus les toits, par dessous les portes, à travers les haies ; elle leur
arrive tronquée, incomplète, faussée, en loques,
mais elle leur arrive. Ouvrez ces romans, nour-
riciers de l'intelligence du peuple, vous trouve-
rez que Voltaire pensait ceci, Jean-Jacques
écrivait cela, Saint-Simon faisait tel rêve.

— On ne fait pas un livre avec ces bribes de
pensées, mon cher abbé.

— Mon ami, c'est ce qui vous trompe, on en
fait un. L'auteur mêle cet écho d'une pensée
étrangère à ses passions petites ou grandes : la
passion, c'est la poudre ; et le livre naît.

— Pour mourir aussitôt.

L'abbé donna un nouveau coup sur la pile
des livres sales et s'écria :

— Non, il a sa vie courte ou longue, mais

suffisante pour empoisonner des centaines d'âmes, pour exalter des centaines d'esprits, pour corrompre des centaines de cœurs.

Le plus misérable livre, a son grain de poudre et il y a tant de points inflammables dans notre être, l'auteur le sait bien ! Quand il n'est pas de taille à attaquer le cerveau, il s'en prend au cœur, et, quand il ignore ce que c'est que le cœur, il s'adresse simplement aux sens.

N'avons-nous pas toute cette basse littérature qui exhale, ou l'odeur de cuisine, ou le parfum de salon de coiffeur, ou pis encore ? C'est fade, grossier, nauséabond ; mais cela réveille l'appétit chez certains lecteurs, cela donne toujours une certaine envie de manger à ceux qui ont faim, cela fait rêver d'eau de Cologne à ceux qui sentent l'oignon.

Or, l'homme, quel qu'il soit, est paisible, sinon heureux tant qn'un désir inassouvissable ne s'est pas éveillé en lui. Ces livres que je viens de récolter dans des greniers parisiens, m'ont fait éprouver une des douleurs les plus

cuisantes de ma vie. Je croyais avoir sauve-
gardé deux malheureuses familles des rêveries
socialistes et scélérates ; tout avait bien mar-
ché, elles représentaient l'honnêteté, la simplicité, la dignité du peuple provincial au milieu
de ce pauvre Paris enfiévré ; je les perds de vue
deux ans, je les retrouve gangrenées, déshono-
rées, désespérées. La misère et la maladie achè-
vent l'œuvre du désordre.

Qu'y a-t-il dans toutes ces têtes? Un livre,
un livre malsain. J'en ai fait toute une cueil-
lette, de ces mauvais livres. Tenez, les voilà,
ces conseillers, ces pervertisseurs, ces révéla-
teurs ! Je les ai arrachés des mains de ces malheureux enfants. Ils ont détruit la foi; la vérité
la vertu sont devenues impossibles; ils ont révélé
dans un certain jour l'erreur, les mirages insensés, les ivresses; les âmes ont pris soif de ce
bonheur qu'on leur indiquait, elles ont couru se
désaltérer aux sources empoisonnées qui étaient
à leur portée. Et voilà des vies jetées au rebut,
des êtres sans consolation et sans espérance.
Ce théâtre, cette littérature, sont un fléau, le

4.

fléau par excellence. Pauvre cher peuple ! pourquoi sais-tu lire ?

— Oh ! m'écriai-je, que dites-vous là, mon ami, et que penseraient certaines gens de cette boutade ? Voulez-vous donc faire la guerre au seigneur Alphabet ?

— Non, il règne, laissons-le régner. Laissons-le s'installer bien carrément sur ses vingt-quatre pieds au sommet de notre dix-neuvième siècle. Puissance, levier, royauté, quelque nom qu'il porte, qu'il agisse. Ce n'est pas moi qui dirai au génie de l'homme : On ne passe pas ; mais je me permettrai de lui crier de toutes mes forces : N'égare pas, n'enfièvre pas, n'abrutis pas.

Si j'étais gouvernement, je créerais un tribunal d'honneur où seraient jugés les malfaiteurs intellectuels ; tout écrivain répondrait de son œuvre littéraire, et si son talent n'avait d'autre résultat que de troubler les intelligences et de dépraver les vies, ma foi, je proscrirais son talent de ma République.

J'étais absolument de l'avis du bon abbé là-dessus, et pendant toute la soirée nous avons été unis comme les deux doigts de la main, ce qui stupéfiait Mlle Eugénie dont le principal rôle est de nous amener tout doucement à de mutuelles concessions.

— Quelle touchante union ! a-t-elle dit en enfilant sa grande aiguille, et quelle charmante paire de bourrus vous faites ce soir !

*
* *

S'il est un mot qui fasse vibrer les fibres françaises, c'est celui qui retentit dans les journaux, dans la rue, partout : Victoire ! Mon neveu Alfred est sain et sauf, et je répète avec d'autant plus d'ivresse le mot triomphant. Mon vaillant neveu a quitté la garde mobile, il a passé dans un régiment de ligne afin d'aller plus vite au feu et il porte déjà les galons de caporal. Son billet est une petite traînée de poudre, il découvre qu'il est soldat de cœur. Malgré ces excellentes nouvelles, je n'entre pas dans une église sans aller m'agenouiller à l'ombre d'un pilier.

Ceux qui savent encore prier prient ardemment pour la France.

Dans ses victoires mêmes, elle a le cœur percé et son sang coule comme de l'eau.

J'ai passé une heure de cette heureuse soirée chez la comtesse de Lémanval où j'ai retrouvé l'abbé Martial. La comtesse dans une de ses plus riantes toilettes, feuilletait un bouquin d'un aspect étrange : c'était le livre des prophéties de Henri Heine. Elle nous a lu des fragments de ces visions et une discussion des plus amusantes s'est engagée entre elle et l'abbé, qui est l'homme incrédule par excellence en fait de seconde vue.

Chacun gardant précieusement son opinion, la discussion aurait pu se prolonger indéfiniment, si l'arrivée d'une carte de la guerre, apportée par le valet de pied, n'avait opéré une utile diversion. L'abbé, l'épingle à drapeau tricolore en main, a fait manœuvrer les deux armées et s'est évertué à frayer un passage à notre pensée dans les obscurités officielles. Les nouvelles se font de plus en plus rares. Après avoir ignoré l'ardent et habile espionnage de la Prusse, on en est arrivé à le redouter follement. Et pour éviter les indiscrétions, le gouvernement cache les mouvements des deux armées, se tait sur les opérations militaires. Ce silence exaspère les Parisiens habitués à voir les télégrammes se succéder sur les murailles des mairies. Le Parisien est curieux par nature, et la presse, toute de commérages et d'indiscrétions qu'il a faite à son image, a transformé son défaut en passion. Or à cette heure, ses intérêts les plus chers sont en jeu et la surexcitation qui se manifeste dans la population parisienne n'a rien d'étonnant.

Les nouvelles sûres faisant défaut, les suppositions vont malheureusement leur train. L'ardente préoccupation de la journée c'est la question de voir ce que sont devenus le maréchal Mac-Mahon et son armée. « Ils ont disparu », s'écrie-t-on. Et cette phrase produit vraiment une sorte de vague effroi bien irraisonné pourtant. Une armée ne s'escamote pas ainsi. Quelque habile que soit M. de Bismark, quelque robuste que soit son appétit, quelque vastes que soient ses poches, il n'a pas englouti d'un seul coup soixante-dix mille hommes.

*
* *

Aujourd'hui la comtesse m'a pris en passant dans son coupé et m'a emmené faire avec elle quelques emplètes. Elle voulait changer des billets de banque. Nous avons couru longtemps les magasins. Les demoiselles de comptoir avaient patriotiquement et coquettement planté dans leurs cheveux une petite cocarde tricolore; mais le caissier était devenu un cerbère tombé en arrêt devant ses tiroirs.

Au Bon-Marché on a refusé net de vendre les objets que nous désirions acheter parce que nous proposions des billets de banque.

Toutes ces étrangetés causent une sorte d'effarement à Paris où tout semble devoir marcher sur des roulettes.

*
* *

Naguère pour voir les Parisiens faire queue il fallait se transporter dans les lieux de plaisir; aujourd'hui c'est aux environs de la Banque, c'est surtout à l'hôtel de la Préfecture de police que se déploient leurs masses onduleuses. L'argent et les passe-ports, telles sont les préoccupations du moment. Il est à la fois très—triste et très- amusant d'être mêlé à ces foules. Comme les cœurs s'ouvrent ! comme les esprits s'animent ! comme les langues se délient !

A Paris il faut attendre bien longtemps avant qu'une pensée originale, qu'un sentiment vrai, qu'une opinion juste se fasse jour dans une foule. On se croirait entouré d'une multitude de singes qui exécutent tous la même grimace, de perroquets qui répètent tous le même refrain. Un mot a frappé dans un journal, une scène dans un drame, et chacun de ces êtres s'est fait l'écho de ce mot, de cette scène. Aussi quelle puissance a la presse sur ces imaginations mobiles, sur ces esprits légers ! C'est à rendre à jamais bourru. Un gouvernement qui aurait enfin souci de moraliser, d'élever les masses, devrait choisir les écrivains de cette terrible presse avec le soin que met un père de famille à composer le menu de ses repas pour l'estomac de ses enfants ; son devoir serait d'en éliminer avec soin tout ce qui est vénéneux. Les écrivains de talent qui ne sacrifient pas à l'immoralité, non-seulement méritent bien de leur conscience, mais méritent aussi de la patrie, car le cœur d'une nation se gâte vite. En passant près d'un groupe très-animé j'ai entendu une femme d'un aspect honnête qui disait avec énergie : « Si je faisais cela, je rougirais. » Mais elle a bien vite ajouté en feignant l'ironie : « Et quand je sortirais d'ici les joues un peu rouges ! le grand air dissiperait cela. » Terrible réflexion ! Il n'est que trop vrai, le rouge, sous tous les dissolvants modernes, ne s'attache plus à la peau. Autrefois la honte, c'était l'empreinte d'un fer chaud ; aujourd'hui c'est un fard léger que le vent peut enlever.

*
* *

Encore des succès et mon cher Alfred toujours préservé, effleuré seulement par les balles
prussiennes, gagnant blessure par blessure ses
galons sur ce champ de destruction, m'écrivant
des lettres héroïques, se réveillant soldat au
milieu de la mitraille et à l'odeur de la poudre.
Ce qu'il éprouve d'ailleurs, la nation entière
l'éprouve. Quel réveil de lion ! Il faut remonter
aux temps fabuleux pour rencontrer de pareils
élans de courage et de patriotisme. Mademoiselle Eugénie me dit tout bas, bien bas, qu'elle
regrette le massacre de ces malheureux Alle-
mands qui sont des hommes, qu'elle voit avec
une tristesse profonde couler les flots de larmes
de l'autre côté du Rhin. Dans ma cruauté je ne
regrette rien, et l'abbé et moi, nous tressaillons
ensemble de fierté comme Français. Comment
ne pas admirer, non les hommes qui poussent des
cris de guerre, crier est facile, mais les hommes
qui font la guerre un contre trois, les hommes qui

retournent dix-sept fois à la charge, l'épée haute, les hommes qui se relèvent mutilés et sanglants pour viser l'ennemi et jeter un dernier cri de fidélité vers leur patrie ! Ceux qui vont mourir pour la France la saluent. On la croyait énervée, la grande nation ; elle n'était qu'assoupie. Et ce bain de sang, qui paraît l'affaiblir, la fortifiera dans l'avenir. L'abbé, ce matin, me développait cette thèse consolante. Ces générations qui ont touché la mort useront mieux peut-être du don sacré de la vie ; la vue saisissante du néant humain leur donnera la vision de cette éternité dont on sape la croyance en leurs esprits. Or l'homme, dont le regard plonge au delà des temps, devient l'homme invincible par excellence. Ces jeunes hommes, au sortir de ces hécatombes sanglantes, demanderont probablement autre chose que des cancans de boulevards, ou des commérages scandaleux, ou de niaises et équivoques aventures du demi-monde. On les traitait en abâtardis ; penser qu'ils retomberont dans ces fanges dorées serait maintenant insulter à leur héroïsme. Nous souffrons, mais l'air autour de nous s'épure, l'atmosphère se raréfie. Après la tempête il y a dans nos campagnes moins d'insectes malfaisants, moins de miasmes corrupteurs, moins de vapeurs pestilentielles. Les âmes vivront enfin quand la mort aura fini son œuvre terrible. Mais qu'elle passe bien vite, la balayeuse farouche, notre éternelle hôtesse ! Qu'elle rentre dans l'ombre où elle se cache ! Elle vit au milieu de nous, la cruelle ; elle nous dévore un à un ; mais c'est dans l'ombre qu'elle agit ordinairement, c'est en silence qu'elle moissonne ; malheureusement elle a aussi, ses jours de sinistre éclat. Soudain elle apparaît menaçante, affamée, devant l'humanité qu'elle décime. Qu'est-ce que ces mots foudroyants : typhus, petite vérole, choléra, guerre ? C'est la mort qui passe au grand jour parmi nous, inflexible et invincible dans l'exercice de sa puissance souveraine. Aujourd'hui n'es-tu pas encore repue, ô mort ? n'as-tu pas compté le nombre de tes victimes ? Vois, elles couvrent le sol, il y a des montagnes de cadavres ? O Dieu, qui commandez à la mort,

faites qu'elle rentre dans l'ombre. Nous deman-
dons la fin de l'expiation.

*
* *

Ma vieille Louison accourt toute haletante ;
elle a lu une affiche qui expulse les bouches
inutiles. En sommes-nous là ? Je ne le crois pas.
J'envoie aux informations notre cher abbé qui
entre en ce moment. Ce bruit alarme aussi mademoiselle Eugénie, qui n'aura jamais le courage d'abandonner son frère.

*
* *

Je comprends qu'il soit difficile d'écrire
l'histoire, il est si facile de dénaturer les plus
simples faits. Nous nous sommes émus d'une
nouvelle absolument fausse. Entre savoir lire et
savoir comprendre il y a des abîmes que ma
pauvre Louison n'a pas franchis. Et quand on

pense que ce sont ces courants de bruits vrais quelquefois, faux souvent, qui forme ce que l'on appelle l'opinion publique, on sent peu à peu décroître l'estime qu'on avait pour elle. Pauvre opinion, elle n'a garde de sortir dans le costume traditionnel de la Vérité. On lui taille des vêtements de toutes les formes, de toutes les couleurs ; elle est bien et dûment grimée et masquée.

*<br>* *

Alfred est sous-lieutenant. Il fait partie de la jeune pléiade des héros modernes. Il est un de ceux qui ont disputé le drapeau français à une nuée d'ennemis, un de ceux qui l'ont repris quarante-sept fois. De ce brillant régiment ils sont revenus une demi-douzaine. Mon héroïque neveu a cinq blessures insignifiantes. Il me les énumère gaiement : un doigt brisé, une moustache enlevée, un bras percé par un coup de lance, une entaille sur le front, une balle dans l'épaule.

*
* *

Quelles discussions à la Chambre ! L'esprit de parti, né de l'orgueil insensé des hommes, reparaît au milieu de nous comme un noùveau danger. Pauvre France, les partis se la disputent et y fomentent déjà des troubles. L'invasion à l'extérieur, les convulsions à l'intérieur. Nos ennemis profitent de nos divisions. Pendant que le roi Guillaume s'avance vers Paris craint-il que Berlin se soulève ?

*
* *

Quelles angoisses torturent la famille d'Alfred ! Lui toujours si exact et si habile à me faire parvenir des nouvelles, il reste muet. Partout on garde un silence absolu sur les opérations militaires. Que ce silence est lugubre ! Comme il pèse sur les cœurs que l'anxiété dévore !

*
* *

Alfred m'écrit que la blessure de son épaule s'est rouverte et que, ne pouvant plus tenir son épée, il est momentanément sous la remise, c'est-à-dire à l'ambulance. Cette nouvelle m'a allégé le cœur, et j'ai pu faire quelques visites aux intimes qui m'ont prodigué tant de marques d'intérêt. Un vieux général de mes amis parle de reprendre sa vieille épée. Aujourd'hui il nous a conduits, l'abbé, mademoiselle Eugénie et moi, aux fortifications.

Du côté de Vaugirard, Paris nous est apparu sous son triste et formidable aspect d'une ville assiégée. Notre voiture passait en zigzag entre des véhicules de tout genre : camions chargés de tonneaux, voitures de déménagement, chars-à-bancs remplis de meubles, petites charrettes à bras sur lesquelles s'entassait tout un pauvre petit mobilier. Entre tout cela une foule ahurie, affolée, marchait et discourait au risque de se faire écraser. Il y avait quelques curieux ; mais le grand nombre des passants appartenait aux populations chassées de leur domicile par les préparatifs de la mise en siége. Le spectacle était navrant. Ces femmes attristées, leurs enfants entre leurs bras, assises contre une montagne de matelas, cette procession de chariots chargés de meubles, ces soldats en sentinelle qui n'ont de militaire que le fusil, ce va-et-vient de travailleurs, ces murailles qui s'élèvent, ces fossés qui se creusent, ces troupes d'émigrants qui désertent les environs de Paris, tout cela forme un tableau pittoresque, mais navrant. Je n'en pouvais détourner mon attention, et mademoiselle Eugénie profitait seule des explications que donnait le général sur les têtes de pont, les glacis, les contrescarpes.

Toute une petite famille religieuse qui arrivait de Clamart a un moment obstrué le chemin poudreux. Ces humbles filles tenaient sans doute une école, car deux ou trois enfants les suivaient, des orphelins peut-être devant lesquelles aucune porte ne devait s'ouvrir. Des terrassiers les ont insultées, ils ont eu ce triste

courage. Cette lâcheté m'a profondément attristé.
D'où descend, me disais-je, dans le cœur de ces
hommes cette haine injuste ? Ignorent-ils donc
que ce sont ces femmes qui instruisent leurs
enfants, qui soignent leurs malades, qui re-
cueillent leurs vieillards ? La religion ne s'approche du riche que quand il la demande ; mais
elle poursuit le pauvre, elle s'en empare, elle le
prend entre ses bras, elle le réchauffe sous son
haleine, elle lui murmure les seules paroles
d'espérance vraie. Ce n'est pas un électeur
pour elle que ce malheureux auquel tout manque,
c'est un frère. L'Évangile s'annonce toujours
aux pauvres. D'où vient donc que les pauvres
jettent l'insulte à ceux qui annoncent l'Évangile ? d'où vient qu'ils les calomnient, qu'ils les
traitent en ennemis ? Parce que les pauvres
sont trompés. Ceux qui les trompent sont bien
coupables.

Au dessus du peuple il y a toute une cohorte
de gens qui le flattent, qui s'en moquent et qui
le trompent. Leur exemple et leurs conseils ont
détruit la foi dans le cœur du peuple parisien.

5.

Ils ne le guérissent, ni ne le soulagent, ni ne le secourent; mais ils s'amusent à jeter les ténèbres du doute dans son esprit, ils s'attachent à corrompre son cœur par la convoitise de biens qu'il ne peut pas atteindre, attendu qu'eux-mêmes se placent au besoin entre lui et ces biens.

Le pouvoir en France a laissé courir dans les rangs des travailleurs un ruisseau bourbeux où tous les jours s'abreuvent leurs âmes. Leurs yeux se sont ouverts et leur cœur s'est violemment épris des jouissances matérielles. Et en attendant qu'ils s'élancent à la gorge de ceux qui jouissent, pour les dépouiller, ils se tournent contre la religion qui condamne leurs convoitises et qui s'obstine à leur présenter des biens en espérance. Les ennemis de l'Église, ses adversaires lettrés, élégants, heureux, sourient en voyant la bête fauve mordre la robe sacrée. Ils ne comprennent pas encore que leur tour approche et que la terre elle-même leur sera ôtée par ceux-là mêmes auxquels leurs sacarmes, leurs accusations et leurs enseignements ont ôté le ciel.

L'abbé Martial est venu me prendre cette
après-midi.

— N'êtes-vous pas disposé à faire une petite
promenade ? m'a–t–il dit ; j'ai pensé que vous
ne refuseriez pas de m'accompagner à la gare
du Nord où j'ai affaire. Il fait si doux. Nous
avons beau faire des horreurs sur notre pauvre
petite planète, le soleil l'éclaire avec une fidélité
qui l'honore.

Il faisait un temps si frais et si *brillant,* que
je me suis laissé tenter.

Nous sommes montés en voiture et sommes
partis pour la gare du Nord, située pour nous à
l'autre extrémité de Paris. Sur la route l'abbé
me faisait remarquer tout ce qui formait dans la
rue un contraste saisissant avec le Paris d'il y a
quinze jours. Son esprit observateur se donnait
carrière, et cette conversation m'a tout doucement préparé au spectacle qui m'attendait à la

gare. Ce doit être ainsi dans une ville prise d'assaut. La gare, qui cependant a de gigantesques proportions, était trop étroite pour contenir la foule qui s'immobilisait forcément entre des montagnes de caisses et d'objets de literies. Quel tohu-bohu indescriptible! Le peuple parisien se heurte aux populations de l'Est chassées de chez elles par la peur. Mais elles se reconnaissent facilement. Les émigrants sont mis simplement; tout respire en eux l'aisance et la vie paisible; les pauvres Parisiens, au contraire, contristent les yeux par leur misère en quête d'élégance et d'éclat. Ces femmes au chapeau fané, mal peignées, mal chaussées, et dont la robe ternie est taillée en peplum antique, qui ont des pompons fanés à la ceinture et des fleurs criardes sur leur front amaigri, sont tristes à voir.

J'ai fait là une rencontre inattendue. J'avais laissé dans ma petite ville une jeune fille dont les honnêtes parents jouissaient de la plus honorable réputation et qui menait gaiement sa vie modeste d'ouvrière.

Quel a été mon étonnement de la reconnaître sous le costume prétentieux d'une demoiselle de magasin ! Je me la représentais avec sa robe courte, son tablier de coton à piécette, son châle de laine, son petit bonnet tuyauté ; simple, modeste, distinguée, très-jolie. Je la revoyais dans un costume qui singeait la dernière mode, coiffée de la manière la plus prétentieuse, jolie toujours, mais non plus modeste et non plus distinguée. Elle s'est avancée vers moi la main tendue, se figurant sans doute que la distance entre nous s'était bien amoindrie, sinon dissipée, depuis qu'elle produisait autour d'elle le frou-frou de la soie. La pauvrette ne devinait guère ce que je pensais en regardant cette petite main dont les ongles étaient noirs, en écoutant ce langage toujours incorrect, mais qui ne m'avait jamais autant choqué. Ces tournures de phrases enjolivées de mots empruntés au vocabulaire parisien me blessaient durement l'oreille et me donnaient de terribles envies de sourire. Je n'y faisais aucune attention autrefois et j'aurais volontiers parié que la petite Marguerite parlait le français aussi bien que qui que ce fût.

La pauvre enfant, renvoyée par la stagnation des affaires du magasin où elle débutait, retournait dans notre chère province. Mais, je le pressens, elle emporte avec elle le trait fatal des convoitises insensées ; elle courra après les satisfactions frivoles et vaniteuses, après les joies factices. Replacer sur ses beaux cheveux le joli bonnet tuyauté lui paraîtrait une déchéance ; voiler sous un châle ou sous une pélerine une taille gracieuse dont on lui fait compliment, irriterait son amour-propre. Elle est en goût de fiévreux, et l'obscurité calme et douce lui semblerait d'affreuses ténèbres ; elle tend à s'élever, ne sachant pas qu'elle s'abaisse ; elle poursuit un rêve de bonheur et elle court droit à la pire des souffrances : le déclassement.

— Marguerite, lui ai-je dit avec mon accent de tendre familiarité d'autrefois, comme je voudrais vous revoir avec votre petit bonnet qui faisait un nœud si gracieux sous votre menton !

Elle a souri assez dédaigneusement et s'est éloignée.

' — Encore une victime de Paris, ai-je dit à l'abbé qui arrivait et qui m'a entraîné dans tous les coins de la gare. Nous avons fini par nous heurter à un jeune artilleur qui s'était couché tout au long sur un des degrés de l'escalier. Un paquet de corde lui servait d'oreiller et il dormait là-dessus de tout son cœur.

Notre visite à la gare s'est tellement prolongée, par les lenteurs que les employés mettaient forcément à répondre à des renseignements qu'ils ne savaient où prendre, que le gaz était allumé quand nous sommes remontés en voiture.

— Allons-nous-en par les boulevards, mon cher ami, ai-je dit à l'abbé ; désormais il nous est impossible d'échapper à un dîner réchauffé ; donc voyons un peu la physionomie de Paris pendant que nous y sommes.

A son tour, l'abbé s'est laissé entraîner.

Le soir les boulevards deviennent plus que jamais le cœur de Paris, tout le sang de la grande ville y afflue, toute la vie active s'y concentre ; en ces jours ils sont devenus une sorte de Forum où les citoyens vont s'entretenir des grands intérêts de la patrie menacée. Une foule noire et compacte y circulait silencieusement. Il y avait peu de femmes, mais que d'hommes ! En regardant ces masses pressées, je sentais renaître toute ma confiance.

— Si Paris était assiégé, y aurait–il l'étoffe d'un soldat dans chacun de ces hommes? ai-je demandé à l'abbé.

— Certainement, a-t-il répondu, vous les verriez tous courir aux remparts. Sans participer aux rodomontades ridicules de certains personnages qui font de l'héroïsme sur papier et qui versent leur sang dans leur écritoire, je le dis avec conviction : la lâcheté n'est pas française.

***

Alfred est toujours à l'ambulance.

Je respire autant qu'on peut respirer dans cette atmosphère sanglante. Le regard se trouble

quelque peu en lisant la page d'histoire qui s'é-
crit en ce moment sous nos yeux. J'éprouve par
instants des abattements profonds. La violence,
l'injustice, la cruauté, l'ingratitude, ne seront
donc jamais exilées de l'humanité ! A certains
moments les physionomies parisiennes me na-
vrent. Hier je voyais passer au milieu de l'in—
différence publique, sous le regard morne du
peuple, un régiment qui allait rejoindre l'armée
et je me rappelais les précédents départs. Quels
cris d'enthousiasme saluaient cette armée pim-
pante qui s'en allait toute parée, toute glorieuse
à la victoire. Et ceux-ci qui partent graves et
résolus, prévoyant le sort qui les attend, on les
regarde passer tranquillement, indifféremment,
comme des victimes nécessaires. O lâche peuple!
Ce sont ceux-ci qui mériteraient les acclamations , pourquoi restes-tu muet devant eux?
J'aurais voulu jeter dans les âmes des passants
la flamme patriotique qui me brûlait le cœur et
soulever sur cette fraction de notre armée qui
s'en allait tristement mais résolûment au sacrifice, une tempête d'acclamations. Je suis natu—

rellement resté fort calme sous mon feutre, mais comme je rageais au dedans contre ces égoïsmes.

*
* *

Dimanche, 4 septembre 1870.

On se sent aujourd'hui frappé en plein cœur. Pourrai-je parler de ce qui s'est remué en moi quand j'ai aperçu sur les murs de Paris, ces mots :

### FRANÇAIS,

Un grand malheur frappe la patrie !

*
* *

Ce soir arrivent les détails des événements accomplis. Quatre-vingt mille hommes, quatre-vingt mille Français se sont rendus à l'ennemi. Mon pauvre Alfred prisonnier m'écrit une lettre désespérée. On proclame la déchéance de la dynastie impériale, on acclame la République. Un gouvernement s'improvise, malheureusement il ne représente qu'une faction. Que son ambition nous soit légère !

* *
*

Un à un tous les chemins de fer sont coupés, un à un tous les fils télégraphiques se rompent, la mer houleuse, menaçante, enroule, arrondit ses flots autour de Paris. Les gares tumultueuses se ferment, la vie intellectuelle et commerciale qui s'épandait par des milliers de canaux tend à se concentrer de plus en plus; la France et Paris, qui ne faisaient qu'un, peuvent d'une heure à l'autre faire deux, vivre d'une vie indépendante et différente. Le jour où cette muraille vivante s'élèvera entre eux, il y aura forcément scission, la province se gouvernera pendant que Paris se défendra. En prévision de ce qui peut arriver, Paris s'arme, Paris se taille une formidable armure, Paris n'a plus de théâtres mais des remparts, Paris n'a plus de flâneurs mais des soldats, Paris a encore des parleurs, mais

on les dédaigne enfin, on voit enfin ce qu'ont
fait du peuple de Paris tous ces parleurs à
gages, et le mépris s'accentue dans bien des
esprits.	.

.	.	.

Encore des revers, d'affreux revers. Paris a
la fièvre. Il n'y a presque pas de voitures, mais
les chevaux vont ventre à terre, on dirait qu'ils
ont été piqués par une tarentule. Et on n'aperçoit plus que des uniformes, les lignards tra-
versent la place de la Concorde à droite, les
francs-tireurs à gauche, la garde nationale par
ici, les estafettes à cheval par là. C'est un mouvement perpétuel sans nom.

.
.	.

La rue du Deux-Décembre est devenue la rue
du Quatre—Septembre. L'ancienne plaque a été
arrachée du mur et le nom nouveau a été écrit

au fusain sur le tufeau. De ces enragés comme il s'en trouve toujours ont mutilé la statue de la Loi placée devant le palais Bourbon. Cette pauvre Loi n'élève plus en l'air qu'un moignon de marbre, ils se sont jetés ensuite sur la statue équestre de l'empereur, si disgracieusement collée sur la porte de la place du Carousel. On l'a fait couvrir d'autorité et il n'y point eu de dégâts. Peuple parisien, pauvre peuple idolâtre, laisse donc tes idoles de la veille s'écrouler sous le poids des mystérieux châtiments de Dieu, et si tu veux faire accepter tes colères, ne leur donne pas l'aspect de lâches ingratitudes. Où sont ceux qui naguère en traversant cette place criaient follement : A Berlin? Parmi ceux qui jettent les statues à bas de leur piédestal, sans doute !

*<br>* *

Quel spectacle m'attendait à la Madeleine! Les degrés du beau temple sont couverts de gardes mobiles bretons. C'est comme à l'église de leur village. Ils se sont réfugiés auprès de leur Dieu. Les uns sont assis, les autres restent debout, quelques-uns sont étendus tout du long et se reposent de leurs fatigues en attendant l'heure du combat.

O rustiques et vigoureux gars, certains Parisiens vous regardent avec étonnement dans le lieu de repos que vous avez choisi ; ceux-là ne savent plus le chemin de leur église et ne s'abritent plus sous son toit. Les Bretons, au contraire, arrivant dans la grande ville en temps de guerre, n'étant pas entraînés vers les lieux de plaisirs, vont naturellement où leur cœur les porte, et après avoir prié à deux genoux dans le temple, ils se reposent tout naturellement sur ses degrés de marbre. Il m'a fallu rimer cette scène, et je vais offrir à l'abbé, qui est Breton :
*Les Moblots Bretons.*

## LES MOBLOTS BRETONS.

—

Ils arrivent, le sac au dos,
Le front serein, le corps dispos,
Braves et fiers, mais sans jactance ;
Ils ont fait un bien long chemin,
En chantant le vaillant refrain
Qui finit par « Vive la France ! »

Le bataillon marche bon train ;
Les officiers, le sabre en main,
Sous leur moustache noire ou blonde,
Ont 'air de soldats éprouvés ;
Entre eux et nos petits crevés,
La différence est très-profonde.

Avant de courir au rempart,
Il faut reposer quelque part.
Nos Bretons s'en vont à l'église ;
Ils courbent leur front fort et doux,
Ils se mettent à deux genoux ;
Tant pis pour qui se scandalise.

Sur les degrés étincelants,
Ils s'étendent tout nonchalants ;
Ils dorment sous la colonnade ;

Ils n'ont encor ni feu ni lieu.
Mais ils sont voisins du bon Dieu,
Qu'ils adorent dans leur bourgade.


Après ce paisible sommeil,
Qu'éclaire un superbe soleil,
Ils visitent la grande ville.
Les gigantesques bibelots
N'éveillent pas chez nos moblots
L'ardente Envie au cœur servile.


Qu'on habite dans un palais
Ou bien sous un toit de genêts,
On n'est, après tout, qu'un pauvre homme.
Ils vous diront fort sensément
Qu'au jour du dernier jugement
On a fort peu de chose, en somme.


Certains voudraient bien leur prouve
Qu'il est doux de se dépraver ;
Mais ces blasphèmes leur déplaisent.
La Prusse est autour de Paris,
Malgré ces puissants et leurs cris ;
On les défend, mais qu'ils se taisent.


Le blé poussera bien sans eux,
Et, sans leurs discours ennuyeux,
Les vergers donneront des pommes ;
On dirait qu'ils ont tout pétri,
Et que jamais soleil n'a lui
Que pour éclairer ces grands hommes.

Pour le bon Dieu, c'est différent ;
C'est le Créateur tout-puissant.
Il tient tout dans sa main profonde.
Sous sa loi sainte les Bretons
Courberont librement leurs fronts,
Que rien ne courbe en ce bas monde.

**

Le Champ de Mars est transformé en un véritable camp. Des cavaliers à l'uniforme éclatant se détachent sur les vertes rampes du Trocadéro. Voici les tentes toutes dressées, le bivac préparé, on fait la soupe en plein air. On est à la manœuvre, les commandements se croisent et les mouvements aussi. J'ai longtemps suivi la manœuvre d'un régiment de ligne. On tressaille en entendant le bruit sec que font les fusils en tombant dans la paume durcie du soldat, on tressaille quand le commandement : En joue ! retentit, on tressaille surtout quand on entend ce mot sinistre : Feu !

*
* *

Dans les rues sur cinq passants il y a un mobile. La tenue n'est pas toujours réglementaire. L'uniforme, c'est la vareuse à parements rouges ou simplement la blouse bleue ornée de lacets de laine rouge. Tout homme porte le képi et le fusil.

Un journal annonce une arrivée de Bas-Bretons musique en tête, c'est-à-dire biniou en tête, sur la place du Château-d'Eau. Les échos parisiens vont redire la note aiguë et mélancolique du biniou !

*
* *

Aujourd'hui, sur dix passants il y a neuf moblots et leurs masses paisibles s'entassent sur les places publiques. Ils ne pérorent pas, ils ne gouaillent pas, ils ne rigolent pas, suivant le mot aimé par les voyous parisiens ; ils sont calmes, tranquilles, sérieux. Venez donc voir ce peuple, ô gouvernants ! passez donc au milieu des rangs pressés de ces jeunes hommes sains et vigoureux de la campagne.

Ne savez-vous pas d'où leur vient leur santé, leur calme, leurs naïfs dédains ? Ne savez-vous pas que dans ces masses humaines coule comme une sève invisible, la foi, seule gardienne des amours qui ne se vendent ni ne s'achètent : l'amour de la patrie, le culte du foyer, le respect de soi-même. Ces hommes peuvent être emportés, grossiers, le vice peut les atteindre, il ne les domine jamais, il ne les avilit ni ne les abaisse, ni ne les abâtardit, car chez eux on le flétrit.

A Paris, au contraire, il est hautement loué, hautement applaudi, à lire certains journaux on croirait que Paris n'a fait ses splendides promenades que pour l'abriter, ses palais que pour le loger. O Paris, prenez garde, il n'est pas prudent d'étaler ses hontes et ses scandales, on se gangrène parfois même en dedans, et c'est alors que sont infligés les châtiments du dehors.

*
* *

Une conversation sérieuse mais prolongée, sur notre situation m'avait fortement impressionné. Je suis sorti tout ému de chez l'abbé où l'on venait d'énumérer les fléaux qui sont positivement chez nous, à notre porte : l'invasion, la famine, le bombardement, la Rouge, la peste, les banqueroutes. L'aspect de la rue a prolongé mon émotion. Partout des boutiques fermées, des foules silencieuses mais sourdement menaçantes, des étals fermés et vides, des soldats tristes, des mendiants évidemment affamés.

Je suis entré un moment au Gésu. La belle chapelle gothique était vide et d'un calme délicieux. Qu'il y faisait bon adorer le Dieu des armées, l'implorer pour la France ! Je m'étais avancé presque contre l'autel dans la partie très-éclairée sur laquelle le soleil, en passant par les vitraux bleus du chœur, jetait une mosaïque flottante et azurée qui produisait sur le dallage blanc le plus charmant effet. Le soleil remplissait le chœur de lumière, il ornait de turquoises d'un éclat, d'une nuance, d'une beauté inconnue, les chaînes dorées de la lampe du sanctuaire, il flamboyait dans l'arcade de droite où le peintre a représenté le drame de la chute originelle, Adam et Ève à genoux, la pomme et le serpent à leurs pieds. Hélas l'humanité, fille d'Adam et d'Ève, n'échappe pas longtemps à leur exemple, elle.pèche et ramène toujours par un équilibre nécessaire le châtiment après la faute. Aujourd'hui encore nous pouvons nous écrier : Seigneur, ayez pitié de nous.

Je suis rentré tout apaisé par cette heure passée dans le calme de la maison de Dieu et me suis mis à écrire. Des chœurs de voix fraîches et justes se sont élevés tout-à-coup, chantant le *Veni Creator*. Ce chant, qui sort d'un orphelinat mon très-proche voisin, retentissait régulièrement à mes oreilles aux jours où rien ne troublait ma pensée, à l'heure où la France était puissante, honorée, prospère. Maintenant le canon tonne, les barricades s'élèvent, des rumeurs sanglantes bourdonnent dans l'air, les plus paisibles familles sont bouleversées, des souffles ardents soulèvent la poussière dans les rues et dans les places publiques, les familles religieuses seules vivent dans leur inexprimable sérénité. Tant qu'il y aura un dîner, il sonnera à la même heure, tant qu'il y aura un espace où se mettre à genoux, l'office se dira. Les autres s'agitent, elles se pacifient, leurs voix montent vers le Ciel, aussi calmes, leurs yeux aussi sereins regardent la terre. Que la volonté de Dieu s'accomplisse! murmurent-elles. Tout est là pour le chrétien et c'est ce qui le rend invincible même devant la mort. Pour le chrétien on peut le dire :

## IL EST DOUX DE MOURIR.

Il est doux de mourir! L'Ange de l'Espérance
Au chevet du chrétien apparaît calme et fort.
O triste humanité! chante ta délivrance
Et souris en tombant dans les bras de la Mort.

Mourir! c'est déchirer la pesante tunique
Qui captive notre âme en ses épais replis ;

C'est voir se dérouler l'horizon magnifique
Que notre langue infirme appelle Paradis.

Mourir ! c'est voir crouler la cabane d'argile
Où notre être immortel frissonne à tous les vents ;
C'est sentir se briser, comme un cristal fragile,
Un cœur mortel, tenté de bonheurs décevants.

Mourir ! c'est déployer librement ses deux ailes ;
C'est planer au-dessus de ce terrestre enfer ;
C'est ouvrir son regard aux clartés éternelles,
Après qu'on a vécu, c'est-à-dire souffert.

Mourir ! c'est deviner l'énigme redoutable
Des jours courts et mauvais que nous avons vécus ;
C'est connaître pourquoi, sur ce monceau de sable,
Ce sont parfois les bons que le sort a vaincus.

Mourir ! c'est retrouver son élément, sa place ;
C'est s'asseoir pour toujours à l'éternel foyer.
Mourir ! c'est rencontrer notre Dieu face à face,
Et c'est dans l'Infini pour jamais se noyer.

Il est doux de mourir ! L'Ange de l'Espérance
Au chevet du chrétien apparaît calme et fort.
O triste humanité ! chante ta délivrance
Et souris en tombant dans les bras de la mort.

*
* *

Les départs civils de Paris continuent, il y a
de ces départs qui sont des lâchetés comme il

y a des retours qui sont des héroïsmes. Parmi les femmes de notre connaissance, les plus résolues se déterminent à partir. On commence à se compter. L'abbé Martial voulait faire partir sa sœur, elle a tenu bon. Tant qu'elle a dit : et toi, il l'a tourmentée ; quand elle a dit : et les pauvres, il s'est tu. Ce soir nous nous demandions ce que devenait la comtesse de Lemanval.

— Allez voir, nous a dit fort sensément mademoiselle Eugénie.

Nous avons suivi son conseil.

Était-elle partie ? N'était-elle pas partie ? Telles étaient les questions que nous nous adressions en route, en développant le pour et le contre. L'abbé se figurait qu'elle resterait, je la croyais partie, c'est l'abbé qui avait raison.

La vaillante grande dame était à son poste, logeant des mobiles dans son palais doré. Elle pouvait fuir, elle ne l'a pas fait. Elle était donc là avec sa belle robe jaune garnie de guipures blanches, sa fanchon de dentelle noire maintenue par des épingles d'or sur ses cheveux ;

elle était là parée, souriante et résolue, au milieu de tous ces objets d'art qu'elle a dédaigné
de sauver. Avec son bel air gracieux et calme,
elle nous a parlé de ses résolutions définitives.
D'abord, elle reste, quoi qu'il arrive ; en second lieu, elle fait tailler des pièces de un franc
dans ses plats d'argent afin de ne refuser aucun
pauvre ; en troisième lieu, elle loge quinze mobiles et elle attend des blessés.

— Très-bien, madame, a dit l'abbé, sachons
être héroïques.

Deux ou trois personnes sont arrivées. Nou
avons parlé des événements, pleuré sur notre
patrie, flétri les lâchetés passées, présentes et
futures. Les femmes qui étaient là avaient leur
mari ou leurs enfants sur la brèche et s'étaient
refusées à les quitter. Afin de nous dénoircir un
peu l'âme, nous avons imaginé d'énumérer nos
moyens de sauvetage en le prenant sous son aspect comique. Comment échapperions-nous aux
Prussiens d'abord, aux Rouges ensuite ? Chacun de nous avait naturellement choisi le déguisement qui lui convenait. L'abbé, parlant

auvergnat, deviendrait un porteur d'eau ; ma voisine, une très-jolie femme, se voyait déjà en marmotte.

— Et [vous, chère comtesse ? avons—nous dit.

Elle a souri.

Nous la regardions, et la même pensée nous est venue à tous. Tout déguisement lui est défendu. Comment feindre avec cette peau veloutée, cette physionomie d'aristocrate pur sang, ces mains, cette tournure, ce regard ?

La beauté est de tous les rangs dans l'extrême jeunesse, la distinction aussi, mais à un certain moment de la vie on a pris son cachet, sa marque en quelque sorte indélébile. En haillons la comtesse serait comtesse à ameuter la populace. Le plus aveugle ne prend pas un cactus pour une giroflée.

Il nous fut donc impossible de trouver un déguisement populaire qui lui convînt, de la transformer même en une simple bourgeoise.

— N'en parlons plus, a-t-elle dit avec son sourire inimitable, je suis, je le vois, destinée à mourir poudrée, frisée et en robe à queue.

Les crieurs de journaux deviennent un de nos supplices. Les pavés de Paris sont sillonnés par une foule d'êtres attristants qui hurlent à qui mieux mieux. Sitôt qu'un de ces cris frappent mon oreille, je m'élance pour fermer toutes les fenêtres, et si malgré moi ces criailleries arrivent à mes oreilles, je suis plus bourru que jamais. Tout est crié sur le même ton, victoires, désastres, dépêches, discours. Ces malheureux courent, s'essouflent, s'époumonnent pour un misérable gain. Quelles figures hébétées ! on le voit, ils sont absolument désintéressés dans la question ; le plus inepte de nos paysans ressent plus vivement les douleurs de la patrie que ces voyous parisiens qui ont tous reçu une dose d'instruction, mais chez lesquels une dépravation précoce a éteint le sens moral. Du reste, jamais la présomption, qui pourrait bien compter parmi les causes de nos défaites, ne s'est plus sottement épanouie parmi les masses parisiennes et les petits journaux de la populace sont d'une jactance que l'on peut qualifier de folie.

Voilà trois jours que j'ouvre ma fenêtre à la même heure pour échanger quelques mots avec l'abbé Martial, qui, appartenant corps et âme aux ambulances créées partout en prévision de l'avenir, est plus matinal que jamais, et la voix enrouée d'un jeune voyou m'a jeté successivement ces trois cris imbéciles :

Avant-hier : Ils n'ont plus le sou !

Hier : Le tombeau de la Prusse !

Aujourd'hui : L'accès de folie du roi de Prusse !

Et le bon peuple se frotte les mains en disant : C'est vraiment bien heureux qu'il soit devenu fou.

Les femmes, les enfants, son englobés dans cette nouvelle industrie qui s'appelle : la criée des journaux.

Vers la fin du jour il est affreusement douloureux d'entendre leurs cris plaintifs. Il est de ces enfants, de ces jeunes filles dont la voix ne se remettra probablement jamais de pareils brisements, mais il faut ameuter la curiosité, le succès de la vente est à ce prix.

*
* *

Ce matin dans la rue déserte une voix d'enfant s'est élevée, elle chantait : au clair de la lune. Ce pierrot matinal m'a fait oublier un instant notre terrible situation. Depuis un mois tout ce qui chante à Paris chante la Marseillaise ou le Chant du départ. A peine l'innocent avait-il fini son clair de lune que, de la rue de Sèvres, m'est arrivé le refrain républicain chanté par tout un bataillon de mobiles qui marchait au pas accéléré vers Vaugirard :

> Tout Français doit vivre pour elle
> Pour elle tout Français doit mourir.

*
* *

Quelle page vient d'écrire Victor Hugo ! Malheureusement le grand poëte s'imagine d'in-

7

viter toutes les Françaises à se montrer des Théroigne. Beaucoup protesteront. J'en connais qui sont volontairement restées à Paris, qui sont prêtes à se dévouer pour nos glorieux blessés, prêtes à tout, mais qui déclarent n'avoir aucune ressemblance avec cette trop fameuse héroïne. En ce moment les femmes françaises ont droit à plus de respect. Sans ces malheureux noms propres cette page de flammes eût incendié bien des âmes en province.

*<br>* *

J'entends le bruit sourd et solennel du canon. Sois maudite, vibration lugubre. L'œuvre de destruction se continue et le ciel est pur, l'atmosphère sereine, la nature riante. O éternelle dérision !

*<br>* *

Le *Rappel* m'est tombé sous les yeux, hélas ! Les Bretons catholiques se sont héroïquement conduits, ont conjuré un danger, et ce journal s'écrie : « Que la République soit bénie ! » Si, en ce moment, on ne se vouait au silence par patriotisme afin de laisser clairement entendre à tous le son du tocsin, nous crierions volontiers à ces imprudents : « Gardez votre providence pour vos réunions privées, et, au moment où la France saigne sous les coups que l'impiété lui a peut-être préparés, n'insultez pas au Dieu vivant. »

*<br>* *

Les jardins publics ont un aspect sans nom. Entre les grands arbres du Luxembourg sont parquées des troupes innombrables de moutons, tristes et abattus comme des exilés.

Aux Tuileries s'est dressé un vaste camp. Les chevaux hennissent au pied des immobiles statues de bronze et de marbre ; entre les arbres reluisent les canons des fusils et se montrent les uniformes éclatants. Sur chaque boulevard, à chaque rue, l'horizon se constelle de baïonnettes, et tous les passants sont coiffés du képi militaire. Les physionomies sont graves, officiers et bourgeois portent sur leur front le deuil national. Restent : le gamin incorrigible, mal élevé, célébré par Victor Hugo qui va le voir à l'œuvre, les femmes au cœur léger, sans foi ni patriotisme, les étourdis, les présomptueux, qui se grisent de leur babil fanfaron, les enfants. J'aime ces indifférences d'enfants, êtres bénis qui peuvent impunément être gais quand nous sommes navrés, rieurs quand nous pleurons, délicieusement calmes quand la fièvre brûle notre sang : les enfants innocents et ignorants que Dieu garde et protége, sont les anges gardiens visibles de cette terre de larmes, ses fleurs vivantes, qui, même aux jours les plus sombres, lui sont une parure, une joie un parfum.

* *

Quelle est sur la place de la Concorde cette gigantesque pyramide formée de couronnes d'immortelles et surmontée de drapeaux? demande sans doute l'arrivé de la veille.

Ces couronnes, ces drapeaux, ces fleurs, sont un vêtement de gloire qui cache aujourd'hui l'être dont il était, hier, la parure ; écartez-le par la pensée, et vous verrez apparaître le profil triste, fier et intrépide de Strasbourg.

Aujourd'hui j'ouvre un journal et j'y lis cette niaiserie : « L'auteur de la notice a rencontré une jolie blonde, sémillante actrice en costume de garde national, c'est-à-dire en toilette simple, modeste, et tenant sa fille par la main. »

Cette nouvelle s'insinue entre les périodes majestueuses de Jules Favre et les échos palpitants des batailles ; cela s'écrit à Paris au bruit de l'artillerie prussienne, pendant que les hommes braves saisissent leurs armes, et que les femmes honnêtes prient et pleurent, oui, c'est au moment même où le dévergondage parisien s'abîme dans le sang et dans les larmes, quand sont fermés les théâtres qui nous ont

donné ce peuple sans foi, ni loi, ni discipline ;
ces mobiles braillards qui sont plutôt un danger
qu'une défense, qu'un homme, un citoyen, un
Français, écrit un pareil entrefilet dans un journal réputé sérieux.

Aujourd'hui, beaucoup d'imprimés rouges !
Les citoyens qui ont une opinion de cette couleur sont essentiellement loquaces et écrivail-
leurs. On ne peut se permettre de les appeler
des écrivains. D'abord a débuté l'*Internationale*,
affirmant aux frères et amis d'Allemagne, qu'ils
étaient trente-six millions d'hommes en France
prêts à se lever pour leur République à eux.
Combien se seraient levés pour protester contre
cette audacieuse assertion ! Car enfin tous les
Français prennent les armes, tous s'élancent
sur l'ennemi, mais tous ne font pas partie de
l'Internationale. Cette association pourrait peut-
être réclamer comme siens les mobiles de Paris,

si indisciplinés, si vantards, si insoucieux de
leur dignité de soldats ; mais les braves moblots
bretons qui se battent comme des lions, qui
s'agenouillent sous l'absolution de leur aumô-
nier avant de marcher au feu, sont des chrétiens,
et non des francs—maçons. Pourquoi ne pren-
drions—nous pas la liberté de le dire aux
Parisiens ?

⁎<br>⁎ ⁎

Je me demandais ce matin pourquoi l'ouvrier
des grandes villes est toujours prêt à la révolte ?
Hélas ! c'est uniquement parce qu'il se nourrit
d'envie. Le bonheur souvent n'existe que par
comparaison.

Le paysan mange gaîment en plein soleil sur sa
table de sapin, il n'a pas pour voisin un homme
riche et sensuel, mais bien un plus pauvre que
lui dont il entend la voix dolente qui demande
du pain pour l'amour de Dieu. L'ouvrier a aussi
sur sa petite table vernie tout ce qu'il lui faut

pour vivre ; mais comment se contenter de bœuf bouilli en face d'un homme comme lui qui mange du faisan truffé? Mettez à part cet homme et sa table de sapin couverte de mets simples et sains, il se trouvera heureux.

Il n'est vraiment pas de pire ennemi du bonheur que l'envie.

*
* *

Terre, prête l'oreille ! Un employé subalterne réintégré dans ses fonctions, annonce dans un speech pâteux, fanfaron, grotesque, à la France, à l'Europe, au monde, qu'il revient défendre Paris. Il parle beaucoup de lui dans ces deux discours emphatiques écrits en français, si l'on veut, et donne des détails intimes sur ses malheurs et sur sa réintégration dans ses fonctions. Il finit en disant que les maires de Paris iront, s'il le faut, en écharpe au-devant de l'ennemi et qu'il sera, lui! lui! à leurs côtés.

Voyez-vous d'ici le tableau, ce fier citoyen, porte-étendard, les maires de Paris en écharpes! Comme cela sauvera la France! comme cela tarira les larmes que fait couler la mort de tant de jeunes hommes, de tant d'esprits d'élite qui tombent silencieusement sous les balles prussiennes! Que ceux qui ont si imprudemment développé un orgueil insensé et ridicule chez le malheureux peuple parisien, que ceux qui le flattent, qui l'enivrent, qui le fanatisent avec des mots sonores et des mirages insensés, lisent pour leur condamnation l'affiche en question.

Aujourd'hui encore, toujours sur papier rouge, un appel aux jeunes. Pauvres jeunes! Job l'a dit: « L'homme, né de la femme, vit peu de temps, il est plein de trouble et de misères, il ressemble à une fleur qui, aussitôt qu'elle commence à paraître, est coupée. »

7.

*
* *

Je ne sais si les imprimés du général Trochu,
gouverneur de Paris, seront conservés ; mais ils
ont bien leur petit mérite d'actualité.

Un certain Paris se faisait craindre, on
n'osait pas dire la vérité à un certain Paris, ce
qui le rendait d'une outrecuidance sans nom,
d'une impertinence sans égale. Le vaillant
général, il est au moins vaillant, prend la
plume, et la vérité apparaît tout-à-coup ra-
yonnante sur les murs de Paris. Première proclamation : « Avec l'aide de Dieu pour la patrie. »

Dieu ! c'est affiché, imprimé, cela peut
s'épeler, se lire. « Dieu ! murmure le certain
Paris, tiens, il existe donc ! »

Mais le général est encore inattaquable : on
laisse passer et même on loue timidement la
glorieuse devise. Second manifeste : « Chaque
honnête homme doit prendre au collet le fauteur
de troubles, » etc.

« Ah ! dit certain Paris, que va dire monseigneur le peuple parisien que j'ai tant encensé ? Il y a donc parmi ces souverains, — je les ai déclarés souverains, — des voleurs, des agitateurs, des pillards, des ambitieux ? Il y a donc encore en cette ville — l'honnête homme et celui qui ne l'est pas. » Mais c'est le gouverneur de Paris qui dit cela, on approuve toujours un peu timidement et en trouvant *in petto* que le gouverneur de Paris n'a guère l'habitude de l'encensoir et qu'il appelle les choses par leur nom avec un sans-gêne effrayant.

Le général passe une revue. Nouveau manifeste. De belles paroles patriotiques et cette magnifique vérité : » La nation, abaissée par les plaisirs de la paix, se relève, sa grande âme tressaille enfin, c'est un réveil, » etc.

« Hein ! s'écrie certain Paris, dressant tout de bon l'oreille, qui ose prononcer le mot d'abaissement ? Quoi ! nos théâtres, nos journaux, nos livres, nos plaisirs abaissent. Parler d'abaissement à propos de moi qui me hisse sur des échasses pour dominer le monde, c'est un peu fort. » Chut ! ô certain Paris, c'est le gouverneur de Paris, un homme assez utile en ce moment, qui parle ; écoutez encore cette petite vérité-là, et vous, les abaissés, ce qui est vrai entre nous, redressez-vous s'il y a moyen ; mais comme c'est dur, comme c'est dur ! Se trouvera-t-il enfin des hommes qui, regardant en face certain Paris, lui diront sans hauteur, sans insolence, sans récrimination, mais froidement, courageusement, ses vérités ? Or, qui a connu le certain Paris avant le mois d'août de l'an de grâce 1870 pourra dire que celui-là ne manquera pas d'intrépidité. Il était difficile de rester vrai, énergique, tout d'une pièce, devant cette nuée d'hommes frondeurs, sarcastiques, qui de leur fond d'agiotage et de plaisirs s'exerçaient à tout rabaisser à leur niveau. Leur petite plume acérée lançait des égratignures perfides, s'emmêlait dans les équivoques, se trempait dans une encre faite d'or et de fange. Ils ne reculaient jamais devant une indiscrétion et une indélicatesse, ces braves ! ils faisaient instinctivement peur, et on n'osait plus crier à

la décadence, à la corruption, aux ruines intellectuelles et morales. Et ce monde-là poussait
l'insolence jusqu'à s'intituler : la France. Le
moindre journaliste-girouette disait gravement :
Nous. C'était donc la France, personnifiée en
eux qui applaudissait aux drames immondes,
aux féeries abrutissantes, aux gaudrioles éche-
velées de certains théâtres, aux beuglements de
Thérésa. Oh  nenni ! les trois quarts de la
France intelligente se révoltaient au contraire ;
mais on ne disait mot à ces infaillibles des boulevards. Comment leur donner des démentis
publics? On n'en avait ni le loisir ni la possi-
bilité. Donc ils parlaient, ils entretenaient la
France et le monde de leurs petites querelles,
de leurs petits plaisirs, de leurs petites amours,
de leurs petits travaux, de leurs petites ran-
cunes, de leurs grands scandales. Rien ne
pouvait les faire taire, ils étaient sourds à toutes
les voix : à la voix du bon sens, à la voix de la
justice, à la voix de la vérité, à la voix de
l'honneur. Un jour cependant ces sourds des
boulevards ont entendu tonner. C'était le canon

prussien. Le tonnerre de Dieu les laissait calmes, mais le tonnerre allemand les impressionnait. Alors ils se sont tus, ils sont devenus quasi raisonnables. Leur ancien style jette encore ici et là ses dernières étincelles, mais cependant il devient plus sérieux. Le fonds d'anecdotes scandaleuses, de mots équivoques, diminue sensiblement. On le sent, les intelligents commencent à voir clair.

* * *

La lecture des journaux m'avait assombri. « Vraiment, monsieur devient plus bourru de jour en jour, » m'a dit Louison. Sur cette vérité je suis sorti, j'ai rencontré un chef arabe avec deux turcos en tenue de guerre, ce qui a quelque peu battu en brèche ma patriotique tristesse. L'Africain en turban, monté sur son élégant cheval arabe, était superbe. J'aime moins les turcos. Leur figure sans barbe, leur tête rasée a demi-couverte par le fez rouge,

leur cou nu luisant et onduleux, leur donnent
un aspect repoussant : on dirait des reptiles
humains. Comme leurs chevaux dévoraient
doucement l'espace ! C'est un charme de suivre
le cavalier arabe. Il est si parfaitement à l'aise
sur sa selle à haut dossier, il y a une telle harmonie de mouvements entre son cheval et lui,
c'est comme une vision qui passe, une vision
du désert. Dans nos rues le cadre est indigne
du tableau ; mais ce sont les multiples nécessités
de la guerre que cet homme et ce cheval arra—
chés à la tente plantée au milieu des incommen-
surables horizons...

*<br>* *

Les statues des villes frontières qui décorent
la place de la Concorde ont été, je ne sais par
quelles mains, ornées d'un bandeau de pourpre.
L'abbé et mademoiselle Eugénie trouvent l'idée
extrêmement malencontreuse. La comtesse et

moi, nous y voyons aussi une façon peut-être dangereuse d'arborer le rouge ; mais, en artistes que nous sommes, nous admirons l'effet produit. Cet effet est quasi sublime sur Lyon qui porte si noblement sur son profil grec une simple couronne murale. Pour consoler l'abbé et mademoiselle Eugénié dont ces petits haillons écarlates blessent fort les yeux, je leur ai affirmé que les autres statues de Paris semblent porter le deuil. A la gare du Nord, Berlin dont on a effacé l'inscription a l'air tout honteux, et l'expression douloureuse de la Justice au temple de la Bourse, m'a frappé. — Et comment voulez-vous qu'elle ait là une autre physionomie ? m'a dit malicieusement l'abbé.

*<br>* *

Les soldats citoyens continuent à mériter ou tous les éloges ou toutes les malédictions. Les hommes sérieux font des soldats sérieux, mais les autres... Un peu plus de gravité me plairait mieux que cette forfanterie de parade. Je ne pourrai m'empêcher de trembler le jour où les poseurs qui défilent chaque matin devant ma fenêtre recevront le baptême du feu. Tout ce qui est fort est simple, et le théâtral n'est pas positivement le sublime. Les maires font tant bien que mal leur devoir envers cette garde nationale qui n'est ni chair ni poisson et qui paraît, plutôt qu'elle n'est, un moyen de salut. Les murs sont par continuation criblés d'affiches, et celle qui m'a attiré ce matin par sa nouveauté contenait une admonestation d'un magistrat municipal de mon quartier à ses gardes nationaux : « Ils croient, écrit-il, ils croient puiser dans la circonstance qu'ils portent l'uniforme ce droit, » etc. Hélas ! brave maire, à combien pèse cet uniforme de circonstance et combien sont prêts à le traîner sous un drapeau qui ne serait pas celui de la France et des vrais Français !

* <br> * *

*
* *

Paris devient plus guerrier de jour en jour ;
on ne s'entretient que de canons, de mitrailleuses ; on persévère, si l'on n'espère pas. Aujourd'hui les enrôlements se font sur une grande
échelle. En traversant la place Saint-Sulpice,
j'ai aperçu au front de la mairie ces mots : « La
Patrie en danger. » Un bureau s'était impro-
visé, et contre les draperies de velours se dressait un buste de la République aux yeux ha-
gards, des drapeaux tricolores en faisceau
flottaient au vent. Beaucoup de jeunes gens
escaladaient les degrés pour se faire inscrire
sur les registres ouverts. Il est toujours peu gai
d'avoir les cheveux blancs ; mais à certaines
heures comme cela rend bourru !

*
* *

La presse est libre. Nous n'avons encore
comme échantillon que la presse politique. Si

la presse littéraire avait droit de vie, on en verrait probablement d'autres, et Dieu sait de quelles productions la France serait inondée ! Mais la presse politique suffit à faire juger de l'état de certains esprits. Aujourd'hui un journal parle « des énervés de l'Hôtel-de-Ville ; » on cite, en l'appelant une noble lettre, le réquisitoire jaloux et ridicule d'une citoyenne qui se propose de soigner les blessés, « non pas comme madame telle et telle. » Cette illustre trouve la fraternité bien difficile à réaliser et fait don à la République de sa sœur et de sa petite fille. Ce qu'il y a d'orgueil misérable, de misérable jalousie, de sotte importance dans cette lettre est inimaginable. Chut ! c'est une noble lettre.

Ce dévergondage politico-social doit faire singulièrement rêver les utopistes honnêtes qui sont actuellement au pouvoir.

Toujours étouffés sous les serres de l'aigle noir de Prusse, nous voyons tous le spectre rouge se dessiner sur l'horizon parisien ; eux ne le voient pas ; ils sont atteints d'une myopie qui touche à la cécité. Dans ces foules desquelles l'idée patriotique ne se dégage peut-être pas suffisamment, il est des êtres qui, après avoir beaucoup parlé dans le vague des aspirations, formuleraient volontiers et pratiquement leurs aspirations par la formule mathématique en quelque sorte, et bien connue : « Ote-toi de là que je m'y mette. » Tous les voiles se déchirent, tous les rideaux se lèvent. Sur les grands et les petits théâtres apparaissent tous les trucs. Regardons bien ! la comédie humaine se joue à découvert enfin.

Ce genre de réflexions me ramène à un souvenir récent, un bien petit souvenir que je veux me raconter à moi-même. Je jouissais de la charmante hospitalité d'une dame qui avait créé un jardin anglais dans le coteau abrupt, pendu comme un tablier de verdure et de rochers contre sa riante maison d'été. Ce jardin, ravissant pour nous, était un véritable casse-cou pour les enfants, et un jour l'un de ses petits-enfants, échappant à la surveillance active qu'on exerçait sur lui, se mit à gambader dans les allées escarpées, et, dans sa course imprudente, alla tomber la tête la première dans une fraîche et profonde fontaine creusée dans le rocher. Son petit corps troua le voile de lierre étendu sur l'eau, et il aurait été en danger de se noyer si son grand-père ne fût accouru à son secours.

En entendant le bruit sourd produit par la chute de l'enfant dans l'eau, notre brave ami, devinant la vérité, s'élança vers la fontaine, et en retira à temps le petit plongeur.

Celui-ci, mis sur ses pieds, commença par se secouer comme un caniche mouillé, puis s'écria : « Il y a des têtards au fond. » Ce fut la première parole du petit observateur, qui avait vu le fond. Je raconterai ce petit trait à l'abbé, qui a des alternatives d'aveuglement.

Quand la France, toute ruisselante de sang et de larmes, sortira du gouffre où elle agonise, elle aura vu clairement au fond, je pense, et elle pourra dire aussi ce qui s'y remue.

*
* *

Notre admiration s'attache aujourd'hui à Châteaudun, une petite ville ouverte dont les 2,000 hommes ont héroïquement résisté à 5,000 Prussiens. Ces hommes de Châteaudun out barricadé leurs rues, se sont armés et pendant dix heures ont disputé leur ville pierre à pierre. Les Prussiens ont payé cher ce nouveau monceau de ruines. Oui, et le jour même, hélas ! certain Paris a l'audace, la triste audace de redemander le théâtre. C'est à celui-là auquel nous devons faire éternellement la guerre, car c'est celui-là qui nous amène mystérieusement les défaites.

*
* *

Oui, j'enregistrerai cette honte. Un de nos soldats, blessé à Châteaudun, a demandé un verre d'eau chez le propriétaire du domaine autour duquel on se battait. Celui-ci, par crainte des Prussiens, a refusé. Ce sont les Prussiens eux-mêmes qui ont vengé la France en emmenant le lâche en Silésie.

Les pauvres pigeons voyageurs qui portent sous le duvet de leurs ailes un souvenir aux chers absents de la province, sont, dit-on, pris à partie par nos ennemis. Ils lancent sur eux d'avides éperviers. Nous serons donc poursuivis jusque dans le plus libre des domaines : le domaine de l'air.

La pensée de cette poste ailée m'a longtemps occupé la pensée. Hélas que d'absents et entre absents ce petit oiseau au vol capricieux. Tous les jours quelque cœur blessé s'ouvre à moi, les séparations obligées ont été si cruelles ! Il faut que je fasse un peu l'indiscret et que je mette en vers cette double lettre que j'intitulerai : *Le Bachelier soldat.*

## LE  BACHELIER  SOLDAT

—

**MAURICE A SA MÈRE.**

Paris, 27 novembre 1870.

Mère, à Dieppe, où tu vis loin de ton bachelier,
As-tu su que Paris s'est armé tout entier ?
Mère, je suis soldat, car ce n'est plus à l'âge
Que la France aujourd'hui mesure le courage ;
Je me suis enrôlé malgré mes dix-sept ans.
Les armes à la main, je déserte les bancs.
A mon képi s'enroule un ruban tricolore,
Aucun galon doré ne le surmonte encore,
La gloire l'y coudra. J'ai des souliers ferrés
Que nos remparts boueux ont déjà calfeutrés.
Cela tient les pieds chauds et fait bien sous la guêtre.
Nous traitons de très-haut monseigneur le Bien-être.
La guêtre est de cuir jaune avec boucles d'acier,
Elle monte aux genoux ; c'est chasseur et guerrier,
Même fort élégant. Une sombre tunique
Remplace avec succès mon veston britannique ;
Une écharpe d'azur en resserre les plis,
C'est commode et charmant. Si tu voyais ton fils !...
A l'étroit ceinturon, qu'un numéro décore,
Pend un gentil fourreau reluisant et sonore,
Qui me bat le talon avec un cliquetis
Que je trouve enivrant. Tantôt chez nos amis
J'irait me présenter en ce bel uniforme,

Le fusil sur l'épaule : un chassepot énorme,
Qui me paraît léger. Vraiment, depuis jeudi
Que je suis équipé, je crois que j'ai grandi,
Et si ma lèvre encore est vierge de moustache,
Barbiche, galon d'or, épaulette et panache
Se montreront ensemble à tes regards surpris,
Si la guerre deux ans t'éloigne de ton fils.
Deux ans ! ce serait long. Comment oser te dire
Que ton héros souvent, bien en secret, soupire ?
Le jour je suis soldat ; à la maison, le soir,
Je pense à toi, Maman, et de ne plus te voir,
De voir père accablé devant ta place vide,
D'entendre gazouiller l'oiseau de Léonide,
Me fait gonfler le cœur, et je pourrais pleurer ;
Mais je me mets en rage, afin de mieux sabrer
L'affreux rempart de fer qu'entre nous on élève.
Tu peux dire à ma sœur, à qui souvent je rêve,
Qu'aux serins le mouron n'est pas rationné :
Cet arrêt sur les murs serait mentionné,
Donc, si Paris renferme encore un sybarite,
C'est Fifi. Tous les jours mon père le visite
Un biscuit dans la main, des larmes dans les yeux...
Au nom seul de sa fille, il devient soucieux.
Enfin, mère chérie, il faut ronger sa chaine ;
Tu peux dans ton exil être forte et sereine,
Père et moi sommes prêts. Paraître devant Dieu
Est toujours solennel, alarme bien un peu ;
Mais, s'il est notre juge, il est notre bon père ;
Ce nom que maintenant ma liberté profère,
Je l'ai balbutié souvent sur tes genoux...
Mère, puis-je évoquer ces souvenirs trop doux ?
Comment, après cela, se conduire en Achille ?

8

En ces temps durs, je dois avoir l'âme virile.
Adieu donc, je me glisse un instant dans tes bras,
Je suis plus fier qu'heureux, je te le dis tout bas.
Que n'ai-je pour courriers de blancs pigeons fidèles !
Je pourrais déposer mes baisers sous leurs ailes.
Ils voleraient vers toi, tu me les renverrais
Avec un de ces mots que, seule, tu connais.
Pour ce billet je dois prendre l'unique voie :
Que le ballon l'emporte en sa robe de soie !
C'est le nouveau facteur, notre dernier wagon
Qui flotte par les airs en bulle de savon.
Il part, narguant Guillaume et sa pesante armée,
Qu'un jour entre nos bras nous tiendrons enfermée.
Adieu ! je me redrape en soldat triomphant,
Mais, vois-tu, pour t'aimer j'ai le cœur d'un enfant.

MAURICE.

*<br>* *

LA MÈRE DE MAURICE A MAURICE

Dieppe, 25 décembre 1870.

Ainsi l'heure a sonné, l'heure mystérieuse
Où l'âme de mon fils, ardente et généreuse,
Prend son premier essor, jette son premier cri.
Comme il a résonné dans mon cœur attendri !
J'attendais cet élan, je l'espérais, Maurice,
En secret, j'avais fait déjà mon sacrifice.
On égorge la France, et ses enfants partout,

Pour sauver leur pays, se sont trouvés debout.
Et cependant ta lettre, ô profonde misère !
A révolté mon cœur. Mon fils, ta faible mère
A déchiré la page où se trouvent tracés
Tous ces mots valeureux que ton cœur a pensés.
En voyant se livrer au destin des batailles
L'enfant qu'elle a bercé, le fruit de ses entrailles,
Toute femme a senti dans son cœur maternel
Du glaive de douleur passer le froid mortel.
Il a percé le mien ; mais, voilant ma blessure,
Étouffant, non sans pleurs, le cri de la nature,
J'ai pu lever les yeux vers les divins sommets ;
Entre les mains de Dieu, soumise, je remets
Mon époux et mon fils, ces deux parts de mon être,
De toute créature il est le premier maître.
La prière est toujours un baume répandu,
Et le calme en mon âme est bientôt descendu.
Et puis mon fils est prêt ! O magique parole,
Intime apaisement. mot puissant qui console !
Si ses bras sont armés, son âme a revêtu
Sa cuirasse de foi, d'honneur et de vertu.
Je ne puis t'assurer le bonheur sur la terre,
Mais je puis procurer à l'âme qui m'est chère
Un éternel bonheur ! Mon fils, le temps est court,
Et surtout aujourd'hui, pour un profond amour ;
Le mien, pour toi, vivra par delà cette vie,
Et c'est pourquoi mon âme à Dieu le sacrifie.
Marche donc au combat, une croix sur le cœur,
Tu seras, mon enfant, ou martyr ou vainqueur.
On cherche le secret des cruelles épreuves
Qui frappent la Patrie et font tant d'âmes veuves :
Maurice, souviens-toi, partout l'on murmurait

En voyant que la France, hélas ! dégénérait.
Pour moi, de ces deux fleurs en mon parterre écloses,
J'avais un soin jaloux ; dans mes serres bien closes,
J'allais, la loupe en main, les regardant fleurir,
Élaguant sans pitié ce qui pouvait flétrir
Ces beaux calices blancs imprégnés de lumière.
Je redoutais l'orage et même la poussière ;
Car, si les jeunes yeux ont le regard brillant,
L'œil usé de la mère est le seul clairvoyant.
Vivre au milieu du feu sans subir sa morsure,
De nos forces, mon fils, dépasse la mesure.
Or, la pente est rapide et le gouffre profond,
Un caillou sous le pied fait rouler jusqu'au fond.
Mais voici du malheur le sinistre cortége,
Et les combats sanglants, et les horreurs d'un siége :
Il n'est plus d'égoïsme, il n'est plus de plaisir,
Le salut pour la France est de savoir souffrir.
Lorsque nous sortirons de l'épreuve où nous sommes,
Des pleurs que nous versons il germera des hommes....
Mais je ne puis te voir qu'heureux et triomphant,
Et je reprends ta lettre à ses phrases d'enfant.
Ces phrases m'ont émue, ont ravi Léonide,
Qui ne rit plus de tout, qu'un rien pourtant déride.
Elle te voit toujours armé pour le combat,
Me dit, parlant de toi, Ton bachelier soldat.
Du bachelier tu sais à quel point je suis fière,
Mais le soldat plaît moins à sa vaillante mère.
Il faut lui pardonner, le cœur a ses replis
Et ses convulsions qui ne sont pas sans prix.
Ainsi, ces petits pieds que je baisais naguère,
Conduisent aujourd'hui mon soldat à la guerre ;
Ces bras, qui se nouaient à grand'peine à mon cou,

Quand mon héros dormait encor sur mon genou,
Étreignent maintenant une arme meurtrière ;
Ce regard caressant s'allume de colère ;
Ce front, où je lisais les intimes combats,
Peut se trouver, demain, pâli par le trépas !...
Qu'ai-je dit ? Reprenons au plus vite ta lettre,
Et parlons de l'oiseau. Ta sœur t'invite à mettre
De la mousse à son nid. Elle a beaucoup pleuré
En lisant le passage au biscuit consacré.
Ce matin, feuilletant son livre de prière,
J'ai rencontré deux fois le portrait de son père.
As-tu pour lui, mon fils, ces soins de chaque jour,
Qu'inspire, à nos foyers, le véritable amour ?
Veille sur sa santé, dissipe sa tristesse,
Donne-lui, mon enfant, trois fois plus de tendresse.
Adieu ! sois résolu, prudent et valeureux,
Pense à moi qui te suis d'un regard douloureux.
Aux dangers puérils n'expose pas ta vie,
En marchant au combat, sois tout à ta patrie
Et si tu succombais...., ton cœur te le dira,
Un tombeau dans mon cœur pour toi se creusera.
Mais Dieu m'épargnera cette épreuve suprême ;
Au revoir, mon enfant, je te bénis, je t'aime.

Je viens de lire des placards tellement rouges,
que j'en ai vraiment comme un voile sanglant
sur les yeux.

8.

— « Nous ! » disent-ils toujours. Eh ! messieurs les forcenés, et nous ?

.·.

Les maires provisoires affichent, affichent, affichent, composent, composent, composent, et, à la porte des misérables boucheries municipales, les épouses et les mères du peuple souverain grelottent et bleuissent. Que ne suis-je une de ces souveraines ! Je me dresserais devant mon frère, le citoyen maire, et lui dirais : « Citoyen, tu nous a enseigné la haine des abus, te plaît-il de faire cesser celui-ci ? Tu nous as appris le mépris de l'autorité, est-ce pour qu'on respecte la tienne ? Avise bien vite à faire servir le pot-au-feu de ton souverain, ou nous nous ruons sur la boucherie que ton écharpe ne protégera pas. Nous avons juré haine à tous les tyrans, qu'ils portent une couronne ou un bonnet de coton. »

.·.

*
* *

Ce matin une petite voiture m'a fasciné. Elle regorgeait de beaux choux millans aux feuilles crépues.

Je me suis approché de la marchande.

— Combien ce chou, madame ?

— Dix francs.

J'avais une fois de plus oublié notre situation et je me suis retiré en murmurant :

— Si les choux de mon pays savaient cela !

*
* *

Le maire de Paris, en ces temps de désastres inouïs, ouvre des crédits et augmente d'un trait de plume le crédit des écoles de plusieurs millions. La nation typique pour eux, c'est la nation école. L'utopie ne se discute pas, mais s'élèvera-t-il pas une voix en faveur de l'agriculture, cette reine dédaignée et sacrifiée ?

L'œuvre divine est décidément refaite. L'enfant de la campagne devra viser à passer sa vie entre les plâtres des grandes villes et l'enfant des grandes villes devra, dans son corps d'enfant, porter un cerveau d'homme.

Ne reviendra-t-on jamais pour le peuple à la vie saine et fortifiante des champs ? Ne rétablira-t-on jamais pour tous l'harmonie magnifique qui existe entre les forces physiques et les forces intellectuelles de l'homme ? Enfoncera-t-on toujours à coups de marteau la pensée dans une intelligence qui n'est pas encre formée pour produire la pensée ?

On ne peut mieux s'y prendre pour amoindrir l'humanité et pour déprécier la science.

Qui nous rendra l'enfance et ses saines ignorances, l'adolescence et ses fleurs délicatement entr'ouvertes, la jeunesse et son éclatant développement et ses ardeurs généreuses, la maturité et sa fécondité et ses puissances se répandant à larges flots après s'être prudemment concentrées.

On nous abuse, on nous diminue, on joue avec le feu.

Qui ne se révolte en voyant un homme placer entre les mains délicates d'un enfant un outil trop lourd en lui disant : Travaille ?

La pensée, c'est un outil : pourquoi en armer trop tôt des cerveaux d'enfants, pourquoi dans les magnifiques champs de l'esprit hâter les fleurs et préparer un mauvais fruit ? Il faut que la fleur s'épanouisse librement, il faut que le fruit mûrisse lentement, c'est la loi éternelle des choses.

Rien n'a suscité d'aveugles haines comme la police en général. Cet inoffensif sergent de ville qui rendait tant de services aux passants et qui n'avait point du tout l'air d'un mouchard faisait délirer nos furibonds. Maintenant ils préfèrent peut-être ces trois gardes civiques en caban avec une cocarde tricolore sur le cœur et une autre à la casquette. Ils n'ont pas d'armes, ils sont trois, et s'en vont en causant, les mains derrière le dos comme de bons bourgeois qu'ils sont. La solitude était certainement une bonne chose pour des gardiens de la paix publique. Quand nos trois gardes ont engagé une discussion politique, croyez-vous qu'ils font attention aux désordres de la rue ; c'est cependant pour cela qu'ils ont été administrativement créés. Ceux-là mêmes sont de trop, disent les furibonds : mais voyez les rusés; ils abhorrent la police et ils en ont une à leur usage, très-bien faite vraiment. Hier soir, à travers les vitres d'une librairie, j'ai vu reluire deux yeux ardents appartenant à un individu qui n'était pas là sous la pluie uniquement pour son plaisir et qui regardait plutôt les personnes que les images. Aujourd'hui une brave femme chargée de paniers a aperçu à une devanture du magasin de honteuses caricatures.

— Jusqu'au Pape ! s'est-elle écriée ; oh ! comme nous serons punis, comme nous serons punis ! Mais qu'est-ce qu'il leur fait donc, cet homme-là, puisqu'il est en Italie. Ils nous attireront les malédictions de Dieu !

Nous marchions côte à côte et j'écoutais avec saisissement cette voix du peuple s'élevant du sein même de Paris. Mais un vieillard aux vêtements sales et aux yeux perçants, arrivé sur nos talons, a mis sans façon son oreille dans nos épaules. Il a même voulu m'adresser la parole ; mais d'un mot j'ai remis à sa place le vieux sacripant, qui a murmuré avec rage un : « Enfin ! » qui voulait dire : Patience jusqu'à bientôt ! J'ai cru bon d'entrer dans un magasin pour échapper à ce nouveau genre de police secrète. Si ces agents n'avaient pas l'air de ce qu'ils sont, de fieffés coquins, ils passeraient inaperçus.

La lecture des petits journaux officiels est singulièrement agaçante et j'ai régulièrement tous les matins un accès de bourracratie.

On trouve encore moyen de nous parler du demi-monde, qui est le cadet des soucis du petit crevé devenu un véritable soldat ; on nous fait lire les sottises qu'écrivent sous leurs tentes cetains mobiles dont la conduite dans les habitations abandonnées de la zone militaire est une de nos plus amères tristesses.

Si au moins ces choses avaient le mérite d'être spirituelles, on les déclarerait acceptables, même en ce temps. Mais de l'esprit, point. Grâce à cette étrange littérature tout se confond parmi nous.

Où est l'esprit ? où est la morale ? où est la dignité ? où est le bon goût ?

Cependant, tout en baguenaudant ainsi, on flétrit le restaurateur des environs qui met toute sa maison et sa personne au service des Prussiens. Cet homme-là n'a évidemment ni la rudesse ni l'ignorance des peuples croyants, c'est un joyeux compère, sans doute, de ceux dont on cite avec tant de complaisance les bons et les mauvais mots.

Quand donc la voix du canon fera-t-elle taire tout cela ?

* *

Plus de folâteries, s'il vous plaît, ô Parisiens ; si la province vous lisait, qui sait si elle vous prendrait au sérieux !

En province, la mort et le déshonneur sont choses graves. Que Paris le sache !

* *

Mademoiselle Eugénie et moi, nous nous disions ce matin que Paris devenait, sous certains aspects, une simple ville de province. En effet, dans la rue, à certains moments, les bruits vulgaires du ménage s'entendent seuls, les feuilles sèches se promènent maintenant en paix sur les gazons des jardins publics. Paris a perdu cette coquetterie de propreté qui faisait l'émerveillement des provinciaux et qui dégénérait parfois en excès de monotonie. Ceux qui ont vécu en pleine nature savent apprécier ses plus déli-

cates harmonies et ne font pas une guerre absolument acharnée à la feuille morte.

N'a-t-elle pas toute une poésie mélancolique,
cette pauvre feuille, jouet du vent ! Il l'accroche
ici, il la fait tournoyer là, il la sème sur les
gazons verts où elle produit de belles taches
d'or ou de pourpre !

*
*  *

Aujourd'hui, sur le boulevard des Italiens,
j'ai été arrêté par deux jeunes hommes que leur
chapeau tyrolien m'a fait reconnaître pour des
francs-tireurs. Ils m'ont présenté cette petite
tire-lire de bois de sapin, ornée de la croix de
Genève, qui se voit partout maintenant. Leur
teint était animé, leur voix confuse, leurs mains
agitées : c'étaient deux hommes avinés que j'a-
vais devant moi, et je les ai quittés avec un
grand sentiment de tristesse et de dégoût.

*
*  *

A ma grande stupéfaction, je lis dans un fier

journal républicain des conseils d'humilité; dans une autre revue, Victor Hugo exhorte à l'oubli de soi. Mais, si cela continue, c'est l'Évangile qu'ils vont nous prêcher sans s'en douter assurément. Hélas ! vos conseils viennent trop tard, ô imprudents. Ces hommes affolés d'orgueil et pétris d'égoïsme par vos mains préféreront toujours vos théories pendant la paix à vos théories pendant la guerre. Mettez-vous maintenant à l'écart si bon vous semble, soyez modestes si cela vous va, pratiquez l'abnégation si cela vous plaît. Eux parleront, agiront, crieront et escaladeront cette échelle sociale dont vous avez montré du doigt les premiers échelons aux plus ineptes. Donc, reprenez votre encensoir si vous voulez plaire à votre peuple souverain, recommencez vos périodes sonores, lancez-lui vos épithètes superbes ; mais laissez-le suivre la logique inexorable qui découle de vos propres arguments. L'heure de la pratique a sonné, vos théories politiques, religieuses et sociales vont, malgré vous peut-être, recevoir leur application. Vos romans, vos théâtres, ont semé l'impiété, voici venir la moisson : Tempête.

*<br>* *

Le gouvernement de la défense nationale annonce la reddition forcée de Strasbourg et de Toul et décrète que la statue de Strasbourg sera coulée en bronze. Juste hommage !

*<br>* *

## LA STATUE DE STRASBOURG.

Strasbourg ! il s'est éteint ton beau nimbe de flamme,
Mais il a rayonné jusqu'au fond de notre âme,
Nous te couronnerons Reine de nos cités,
Guillaume peut, au vent, jeter ta noble cendre,
L'avenir nous verra debout pour te reprendre,
Et déjà du regard nous nous sommes comptés.

Depuis longtemps, hélas ! par d'invincibles causes,
La France s'endormait sur sa couche de roses,
Des esclaves veillaient sur ce triste sommeil.
Dieu, dont on usurpait la légitime place,

Nous voilait lentement les splendeurs de sa face,
S'il ne détournait pas encore son soleil.

Les esclaves riaient, s'enivraient et la France,
Dans d'indignes langueurs énervait sa puissance,
On lui bandait les yeux pour la mieux dépouiller.
Son or, comme un torrent, roulait et sur les fanges,
Étendait un tapis aux magnifiques franges
Sur lequel un pied libre eût craint de se souiller.

Un jour, dans un accès de fierté dérisoire,
On la para soudain de son antique gloire,
Faible et nue on la mit sous l'œil de l'étranger.
On la berçait encor de ruses politiques,
Elle dormait toujours à leurs chants magnétiques.
Quand le loup allemand bondit pour l'égorger.

La France s'éveilla. Sur les monts, dans les plaines
Coulait à larges flots le sang pur de ses veines,
Ses fleuves charriaient les corps de ses enfants
Arrachant de son front le fatal diadème,
Elle se redressa par un effort suprême
Et vers le ciel d'airain leva ses yeux ardents.

Elle vint dans Paris, folle et superbe ville.
Paris n'encense plus ses dieux d'or et d'argile.
Pour ses reins affaiblis Paris forge du fer,
Paris met une agrafe à son épaisse armure,
Dans Paris, que soudain le danger transfigure,
Le théâtre est fermé, le Forum est ouvert.

Chaque homme est un soldat et dans chaque demeure,
Une femme honorée, à genoux prie ou pleure,

Le Vice ne rit plus sur son haut piédestal,
Il s'incline bien bas sous le regard terrible
Du fantôme sanglant de la France invincible,
Qui réclame son Dieu détrôné par Baal.

C'est là que, déchirant le lourd linceul de gloire
Dont l'ennemi couvrait son nom et sa mémoire,
Tendant vers l'horizon, ses bras, de sang couverts
Elle jeta son cri, son grand cri de détresse,
Cri sublime mêlé de rage et de tendresse
Que pousse la lionne au fond de ses déserts.

On entendit au loin le sourd bruit de la houle,
A l'appel déchirant ses fils venaient en foule,
La terre généreuse enfantait des soldats.
Les villes se fermaient, affrontant la mitraille
Et regardaient crouler les pans de leur muraille
Disputant chaque pierre en de sanglants combats.

La première, ô Strasbourg ! sur ton altière cime
Tu dressas vaillamment ton drapeau magnanime
Et la France, en ce jour, exalte ta grandeur.
On verra resplendir en l'an soixante et onze,
Parmi tes blanches sœurs ton visage de bronze
Éclairé d'un rayon d'immortelle splendeur.


ENVOI


Au nom de mon pays, je te rends cet hommage ;
Tous nos cœurs frémissaient en te voyant souffrir
Nos fronts comme le tien, pâlissent sous l'outrage,
On peut nous mitrailler mais non nous asservir.

Tantôt, un bataillon de mobiles se dirigeait vers la place de la Concorde portant sur une pique une couronne monumentale d'immortelles rouges. Elle a été solennellement déposée sur la pyramide fleurie de Strasbourg, recouverte de multiples chaînes dont chaque anneau est une couronne d'immortelles.

Un registre était ouvert, et les passants y inscrivaient leur nom. J'ai facilité le passage à plus d'un vaillant enfant dont le garde national ne soupçonnait pas la patriotique intention et qui ne voyait en lui qu'un gamin en maraude. Si les enfants m'ont édifié, j'aurais voulu voir une physionomie plus sérieuse à toutes les femmes qui défilaient devant le registre. Elles avaient par trop l'air de satisfaire la plus sotte des vanités : mettre quelque part leur nom obscur.

Quand les choses se passent devant nous, nous les analysons facilement. D'autres groupes entouraient des chanteurs dramatiques en plein vent, auxquels il ne manquait que la voix.

Toutes les femmes en chapeau qui les entouraient, riaient vulgairement en répétant bien ou mal les refrains saturés de vengeance, de France, de gloire, de victoire. Les gamins chantaient seuls avec un entrain un peu communicatif. Je parle en provincial bourru; mais le peuple de Paris place haut dans mon estime le peuple grave et fort des provinces croyantes.

*
* *

Le canon tonne à coups répétés. Des hommes tombent, des hommes souffrent.

Mademoiselle Eugénie prépare une ambulance dont elle sera la sœur de charité.

*
* *

Les socialistes continuent à s'agiter, à pérorer, à pétitionner. De temps en temps, ils font irruption en bandes armées sur la place de l'Hôtel-de-Ville, réclamant ceci, conseillant cela, laissant percer l'oreille du loup sous la peau du mouton.

J'ai saisi aujourd'hui le résumé d'une conversation entre deux de ces ouvriers, jeunes, ardents, sans croyances, qui forment cette redoutable association d'ambitieux en blouse.

— Chacun son tour! ont-ils murmuré en se serrant la main.

Voilà, ai-je dit à mon entourage, le véritable mot de la situation. Chacun son tour! Ils ne se demandent pas: Avons-nous du génie, du talent, des vertus civiques? pouvons-nous utilement aborder les régions sociales où ne se nicheront jamais trente-six millions d'hommes à la fois? Non, ils disent seulement : Chacun son tour! et, après mûre délibération, ils trouvent que c'est leur tour.

C'est leur tour de commander, de toucher de gros traitements, de dorer leurs vices, de se grandir. Donc, ô Français, versez votre sang pour que nous ayons notre tour.

* *
* *

Le silence de la nuit est interrompu par la voix solennelle du canon. Ces détonations, très-rapprochées, figent le sang dans les veines.

* *
* *

Rien d'instructif comme de lire les journaux avant nos désastres. J'en trouve un qui décrit les mouvements des deux armées avec une merveilleuse précision.

« Ce n'est plus Bazaine qui est pris entre deux feux, dit-il, c'est l'armée prussienne. »

Et ce sont ces bavardages d'imagination qui ont nourri l'opinion publique. Comment ne pas ajouter foi à ce qui vous est dit si magistralement. Oh ! le saint, le puissant, le fort Silence !

Quand donc aurons-nous une presse sérieuse, loyale, et non pas celle qui veut nous faire à son image. Parce que le Français est né malin et léger, faut-il tout oser pour lui alléger davantage la cervelle !

A quoi servent les mensonges ? La semaine qui suivit les deux premiers désastres, dans un de ces jours de stupeur qui avaient frappé Paris, je me trouvais en omnibus devant un monsieur au regard vif et fuyant. Ces yeux-là étaient toute une étiquette, et le monsieur n'avait pas ouvert la bouche que je me sentais en présence d'un homme de la police secrète. Si les circonstances n'avaient été aussi douloureuses, il m'aurait fort amusé.

Son thème était de prouver que la plus éclatante victoire allait non-seulement réparer nos échecs, mais encore amener la soumission de la Prusse.

— Après-demain, disait-il avec sa figure de satyre jouant le demi-dieu, nous aurons une grande victoire. L'empereur, comme tous les grands hommes, est fataliste et ne veut livrer le combat que le jour de sa fête ; mais, ce jour-là, grande victoire, je la promets.

Je me sentais tout bourru devant cet espion

prêchant à ce peuple la religion du fatalisme au
nom du souverain.

*
* *

La lecture des journaux est toujours de plus
en plus instructive. Le Paris hâbleur, viveur,
s'intitulant spirituel avant tout, continue à
être léger, moqueur, vide. J'ouvre un journal.
Un écrivain léger trouve le temps de s'amuser
des membres du gouvernement provisoire, il
écrit absolument avec la même plume et la même
encre qu'il y a six mois. Ruines, deuils, catas-
trophes, n'existent pas pour lui ; on dirait que
cela sert seulement à distraire ce sultan ennuyé.

C'est d'une outrecuidance incurable. Dans
tout ce qui se passe, il examine délicatement,
minutieusement, insolemment si cela contente
l'esprit parisien. Si non, que cela change au
plus vite ; si oui, tout est au mieux dans le
meilleur des mondes.

Est-ce votre avis, hommes qui veillez aux
remparts, vaillante garde nationale dans laquelle

les faux bravaches ne sont pas en honneur ? Est-ce pour cet esprit frondeur, léger, vaniteux que vous livrez votre vie ?

Dans le *Combat*, c'est autre style, moins châtié, mais autrement épicé. Les Dix de l'Hôtel-de-Ville sont successivement appelés les locataires, les énervés, les infaillibles.

Pour me servir d'une expression vulgaire, mais colorée, on tire dessus à boulet rouge. Ces articles sont pleins d'une verve brutale et sanglante, d'une outrecuidance d'un nouveau genre.

— Paris, disent-ils, est souverain pour ce qui regarde Paris, Paris est attaqué par l'ennemi, Paris n'est défendu par personne que par lui-même.

O mobile des départements, entendez-vous ! ó peuple de la province, peuple généreux et travailleur, as-tu compris ?

Est-il assez malheureux, ce Paris, d'être toujours exalté par les inutiles et les redoutés ! Avec quel orgueil insensé et ridicule ils s'en emparent comme d'une proie ! quelle ardeur ils déploient pour le séparer de la France !

Mais la France demanderait volontiers de quel droit ces hommes accaparent la capitale d'une nation ? par quel contrat elle est à eux, à eux seuls ? Il est temps enfin que cet empire illégitime de l'opinion croule à son tour, que cette servitude cesse. Nous le disons au nom même de Paris : respectez Paris. Paris n'est pas un club, Paris n'est pas un théâtre, Paris n'est pas un café-concert, Paris régénéré doit devenir la tête et le cœur de la France, et Paris même s'insurge enfin contre la caricature de Paris. Disons adieu au Paris boulevardier et terroriste, il a vécu.

*
* *

L'abbé était furieux ce matin : un écrivain étranger compare notre littérature à l'eau bourbeuse de la Seine.

— C'est vrai, me disait le bon vieillard, d'un air désolé, mais voir traiter ainsi la France !

Il est certain qu'il nous serait doux de jeter

à la face de cet Allemand un énergique démenti ; mais la vérité implacable se lève devant nous, et nous force à baisser la tête. Je me souviens qu'aux beaux jours de la paix on s'occupait beaucoup dans le monde parisien du succès des lectures que l'illustre écrivain anglais, Charles Dickens, faisait de ses propres romans. Naturellement, nos romanciers se demandèrent pourquoi ils n'en feraient pas autant.

Le public souriait, non sans malice, et se demandait s'ils avaient songé aux difficultés de l'exécution, ces lectures publiques étant destinées à un public honnête. Or quel est l'auteur en vogue qui lirait sans sourciller devant sa femme et sa fille certains de ses livres d'un bout à l'autre ? On se représentait ces malheureux auteurs, dont plusieurs sont dignes d'estime dans leur vie privée, feuilletant leurs pages enfiévrées, trop souvent licencieuses, et se demandant à huis-clos : Comment, diable, lire ces choses devant des femmes qu'on respecte et qui se respectent ! Il est vrai que ces choses

se déclament en plein théâtre, ce qui n'est déjà
pas si bon, mais il y a la mise en scène, la
musique, mille dérivatifs pour le jugement et
l'attention ; cela se lit dans certaines familles,
mais en cachette souvent, en contrebande plus
souvent encore, car enfin il est rare qu'on
s'empoisonne en commun dans la famille.

Mais lire cela à la face du ciel et de la terre,
faire entendre tout cela à des oreilles chastes,
faire respirer tout cela à des âmes sereines, à
des cœurs purs, à des esprits délicats, c'est
terriblement difficile, pour ne pas dire impossible. Car enfin cette lecture fait certainement
envoler la chasteté de la pensée, la sérénité de
l'âme, la délicatesse de l'esprit. Avec la logique
toute puissante du bon sens, les écrivains les
moins consciencieux et leurs lecteurs habituels
ne mènent pas leur femme et leurs filles aux
bals des barrières, et se hâtent de leur défendre une lecture approfondie de certains romans, tandis qu'ils mettent entre leurs mains
les ouvrages de cet homme qui avait un talent
de premier ordre et dont la plus solide gloire

est d'avoir tenté d'élever le niveau moral de
son nombreux public. La France littéraire, si
grande dans son passé, n'aura-t-elle pas un jour
une littérature saine ? Les écrivains ne rom-
pront-ils pas avec ces traditions corruptrices ?
Nous le réclamons énergiquement. Qu'importe
un livre éphémère ! murmurent les dédaigneux
après avoir lu. Tout livre est une fleur, un
parfum. Amassez dans vos parterres des fleurs
vénéneuses, vous empoisonnez votre atmosphère.

L'immense malheur de la France est que ce
poison pénètre toutes les couches sociales et
s'infiltre même dans tous les âges. Vraiment
les idées jaillissent d'ici, de là, à propos
de tout. Ce matin je pensais et repensais à
notre décadence morale, et je rangeais mé-
lancoliquement et en quelque sorte métho-
diquement dans mon esprit, les causes avouées
et inavouées de cette trop réelle décadence.

Je poursuivais cette opération mathématique
au milieu des mille incidents insignifiants
de ma sortie matinale. Tout en m'effaçant
sur le trottoir pour laisser passer les gens
armés, tout en traversant la rue pour ne pas
fendre la foule ondulant en serpent à la porte
d'une boucherie ou d'une cantine, tout en se-
couant de dessus mes épaules les brins de neige
qui y voletaient, je creusais le problème et
j'arrivais jusqu'à cette vérité odieuse : l'enfance
elle-même se démoralise absolument, dans les
grandes villes, certaines démoralisations datent
de cette période de la vie inconsciente et sacrée
qui s'appelle l'enfance.

Et ma mémoire me servit un de ces souvenirs
insignifiants en apparence à l'aide desquels à un
moment donné vous faites éclater la lumière sur
les plus redoutables questions. C'était le brillant
premier janvier dernier, je suivais le flot qui
roulait entre les comptoirs mirifiques d'Alphonse
Giroux. J'ai dans mes connaissances intimes
une fillette de neuf ans à laquelle je voulais
donner quelque chose et à laquelle je ne savais

que donner. Tout à coup le mot : ingénions frappa mon oreille. Une dame le prononçait en voyant une petite carte qu'on jetait blanche dans le creux d'une assiette et qui devenait un paysage ravissant en s'imbibant dans une composition chimique.

Cela s'appelait, je crois, photographie instanée, l'enfant pouvait s'imaginer faire de la photographie. C'était véritablement ingénieux, j'achetai l'appareil et m'en allai vers la rue Louis-le-Grand où demeure ma petite amie. Je la trouvai assez ennuyée entre je ne sais combien de poupards, de poupées, de moutons, de chiens et de chats. L'enfant était sérieuse de ce sérieux hâtif qu'on n'ose trouver sain, ni physiquement, ni moralement parlant ; mais enfin elle l'était grâce à la science précoce et multiple qu'on lui infiltrait par tous les pores. Et sa mère, illogique comme le deviennent beaucoup de femmes françaises, la grondait de dédaigner ces joujoux brillants comme si elle ne lui avait pas donné d'autorité une éducation qui éteignait en elle jusqu'aux dernières lueurs des joies naïves de l'enfance. Tout en étant enchanté de n'avoir pas apporté un quatrième mouton enrubané, j'offris, non sans trembler, mon présent qui fut accueilli avec allégresse. Ce jouet presque scientifique avait le charme de l'inconnu. Il fallut tout de suite procéder à la séance photographique. On suivit mot à mot l'instruction imprimée et, tout étant préparé, je jetai par un geste magistral de nécromancien la carte blanche au fond de l'assiette. Elle passa par toutes les nuances du gris, des personnages se dessinèrent et.... nous vîmes apparaître un groupe qui, parole d'honneur, me fit monter le rouge au visage.

Je sentais le regard de la mère peser sur moi; tout inconsidérée qu'elle fût, l'infaillible instinct maternel tressaillait en elle. Je plongeai deux doigts dans l'assiette.

— La composition est trop épaisse, m'écriai-je, tout va se brouiller, vite de l'eau.

L'innocente courut en chercher et je profitai de son absence pour dire à sa mère : vous voyez un homme furieux et désolé, j'ai acheté cette enfantine chez Giroux ; les gens qui composent cela pour les enfants sont à pendre.

L'enfant revenait, je me tus, j'avais noirci et maculé la carte, je recommençai mes épreuves, mais mis désormais sur mes gardes, je suivais la métamorphose et m'arrangeais à tout brouiller et à escamoter même quand il le fallait. Sur douze cartes il y en avait cinq absolument licencieuses, c'était écœurant.

Si les jeux enfantins apportent de pareils enseignements à nos enfants, pensais-je, faut-il s'étonner de ne plus trouver d'enfants.

L'ineptie de l'industriel qui commande ces joujoux, la dépravation de l'ouvrier qui, sachant qu'il prépare un jouet, a le sens moral assez oblitéré pour y peindre de pareilles choses, l'indifférence coupable des parents qui ne voient, n'entendent, ni ne se plaignent, me paraissent de vrais signes du temps.

J'en étais là, je constatais que l'inertie des uns, et la coupable imbécillité des autres forçait la digue qui empêche l'immoralité de laisser couler son flot fangeux jusqu'à l'enfance, quand j'aperçus la lanterne rouge d'un bureau de tabac. Cette vue me rappela que Louison m'avait commandé de lui apporter des allumettes bougies. J'entre avec mon raisonnement dans la petite cage vitrée, je fais mon achat, toujours sans abandonner mon raisonnement et je sors en sa compagnie et celle de mes boîtes d'allumettes. Tout en cherchant dans ma poche la place de ces jolies petites boîtes peintes, je jette les yeux dessus et je vois une scène qui est une sorte de reproduction populaire de celle de la carte photographique qui m'avait si fort révolté le jugement.

Je l'avoue, pris de honte et de découragement, je baissai involontairement la tête et je suivis tristement de l'œil un groupe de gardes nationaux armés qui passait. Hélas ! qui nous défendra, pensais-je, qui aura la puissance de nous sauver ! Guillaume c'est le chirurgien brutal et sanglant. Le gangrène est au cœur même de la France, puisque après avoir fait litière de tous les respects, elle a perdu le respect suprême ; le respect de l'enfance.

* * *

Je lis aujourd'hui une affiche verte intitulée :
Bataillon des Amazones de la Seine ! A cet
appel se mêle je ne sais quelle revendication
des libertés civiles des femmes. O liberté sainte
de la femme, tu n'as guère jamais été que le
doux esclavage du devoir et de l'amour !

Devant cette proclamation, on se demande si
l'héroïque l'emportera sur le ridicule.

Les Spartiates et les chrétiennes ont su être
héroïques ; mais les Parisiennes amazones
ne sont, hélas ! ni Spartiates ni chrétiennes.

* * *

La plainte aujourd'hui vibrait dans l'air.

Nous sommes rationnés depuis quelque temps
déjà, et le rationnement commence à exercer
durement la patience des Parisiens. Cent
grammes de viande par jour ! murmure-t-on

d'un air sombre. Devant chaque boucherie municipale des groupes nombreux se forment et s'agitent. C'est là maintenant que se déploient les queues. Et, chose étrange, ce peuple parisien habitué à faire queue à la porte des théâtres semble malheureux et même humilié de faire queue à la porte de son boucher. L'orgueil, qui a été tellement développé parmi ces travailleurs, les fait terriblement souffrir. Mais aussi un souverain quêtant son bon de pain et de viande! Quelle dérision! La pauvreté n'est jamais un honte : ne connaissons-nous pa d'illustres pauvres volontaires? et en ce temps pourquoi rougir d'être pauvre? Nous sommes tous à la veille de l'être. O dignité de la simplicité, c'est encore la religion catholique qui te prêche. C'est elle qui nous enseigne le mépris des richesses, des honneurs, le mépris de ce qui passe. C'est la véritable amie du pauvre, la seule consolatrice de l'affligé. Elle inscrit sur son étendard cette devise consolatrice: Bienheureux les pauvres!

Une religieuse a été assassinée au faubourg Saint-Jacques en distribuant des secours, par une des femmes qu'elle secourait. Le crime va se mettre de la partie.

Un journal insère aujourd'hui une très-noble lettre, signée d'un officier de la mobile bretonne. Les Bretons osent dire la vérité et défendent la justice à Paris. Comme ils se battent, et beaucoup volontairement, ils en ont le devoir et le droit. Cette lettre nous apprend qu'on les surnomme des priards. A la bonne heure. En effet, ces vaillants sont des hommes de prière, ils se reconnaissent une âme immortelle capable d'entrer en communication avec Dieu. Comme cette foi grandit le plus humble d'entre eux et le place au-dessus de ces êtres qui ne savent que flairer le sol !

En approfondissant cette pensée, j'en viens à constater ce que produisent l'influence des circonstances sur la portée des jugements humains. Qu'un simple gamin de Paris appelle priard en temps de paix un brave garçon qui n'a pas encore versé dans l'ornière parisienne, ou un doux jeune homme, clerc ou étudiant encore, tout pénétré des enseignements maternels, le sarcasme irritera l'épiderme, et fera peut-être rougir, hélas! Aujourd'hui, le brave garçon et le doux jeune homme portent un fusil sur leur épaule et un revolver à la ceinture, et, à la barbe hérissée des beaux parleurs des boulevards et des tribuns des clubs, ils entrent à Notre-Dame-des-Victoires comme des priards qu'ils sont et qu'ils veulent être.

C'est ce que dit intrépidement l'officier, auteur de la lettre : Quand on est prêt à mourir mille fois pour la défense de son pays, il me semble qu'on a le droit d'être et de se montrer chrétien et aussi d'émettre sa pensée. Encore une fois, bravo. La timidité ne conduit-elle pas parfois à la lâcheté? Tout Paris aujourd'hui crie volon-

tiers : Vive les priards, et moi dans mon coin
je les chante.

*
* *

## LES PRIARDS.

### CHANT DE LA MOBILE BRETONNE.

Sur l'air : *J'suis né natif du Finistère.*

Un jour en passant dans la lande,
J'entendis le son des tambours,
C'est, dit-on, Paris qui demande
Tous les Bretons à son secours.

(*Refrain.*)  Allons mes gas,
            Tous l'arme au bras,
            Fourche ou penbas,
Sachons mourir en chrétiens, en soldats.
            En avant la Bretagne,
            La Bretagne en avant !

Des loups altérés de vengeance,
Sont en arrêt devant Paris,
Paris appartient à la France,
Bondissons hors de nos taillis.
    Allons, etc.

Nous quittons tous notre chaumière,
Nos messieurs quittent leur manoir,
L'écolier quitte sa grammaire,

Le marchand ferme son comptoir.
    Allons, etc.


C'est dur pourtant... quitter sa mère,
Et son clocher et ses amours,
Oui, mais j'entends le cri de guerre
Et, sans broncher, je dis toujours
    Allons, etc.


Nous voici prêts... au presbytère
Allons chercher notre recteur,
Chez nous l'homme de la prière
Suit le soldat au champ d'honneur.
    Allons, etc.


Le Dragon rouge [1] ouvre ses ailes,
Puis il s'envole dans la nuit,
Je vois briller mille étincelles,
C'est Paris, dit-on, qui reluit.
    Allons, etc.


Seigneur ! ici tout comme un prince,
Je suis logé dans un château,
On n'y dort pas mieux qu'en province,
Dans nos lits de bois, sans rideau.
    Allons, etc.


De vivre dans ces belles cages
Je n'ai pas le moindre désir;

[1] Nom du chemin de fer en Bretagne.

. Un pauvre nid dans nos villages,
Me ferait autrement plaisir.
   Allons, etc.


Des Parisiens l'accueil aimable
Nous a touché le fond du cœur,
Place à la chandelle, à la table,
On nous fait vraiment trop d'honneur.
   Allons, etc.


C'est dimanche, et je trouve étrange
Qu'on ne fête pas le Seigneur,
Mais ici la messe dérange
M'a dit quelqu'un d'un air gouailleur.
   Allons, etc.


Qui ne fête pas le Dimanche,
Dresse un autel à saint Lundi,
Alors plus de pain sur la planche
Et la pauvre femme pâtit.
   Allons, etc.


Libre et chrétien, moi je réclame
Le droit d'aller en paradis,
Il est bon de sauver son âme
Tout en mourant pour son pays.
   Allons, etc.


On nous donne un beau nom que j'aime,
On nous appelle des Priards,
Restons dignes de ce baptême,

Qu'on ne donne point aux pillards.
　　Allons, etc.


Qu'il se gare le bon apôtre,
Qui se moquerait du Priard,
Le Priard en vaut bien un autre
Dans la plaine et sur le rempart.
　　Allons, etc.


Et jamais le vieux roi Guillaume
Ne le verra souple, asservi,
Sous son toit d'ardoise ou de chaume
Le Breton n'a jamais trahi.


　　Allons mes gas,
　　Tous l'arme au bras,
　　Fourche ou penbas.
Sachons mourir en chrétiens, en soldats.
　　En avant la Bretagne,
　　La Bretagne en avant !


L'air devient froid, ô souffrance ! L'abbé et mademoiselle Eugénie courent les chantiers pour procurer du bois aux pauvres. Ne calmeras-tu pas tes rigueurs implacables, ô triste hiver ? Ne vois-tu pas que les aliments deviennent rares et que le charbon manque ? N'auras-

tu pas pitié de nos femmes, de nos vieillards,
de nos enfants, de nos blessés, de nos défenseurs? La terre va-t-elle se glacer, et la terrible
bise du nord souffler sur nos remparts?

Dans la rue, les femmes paraissent souffrir
d'intolérables douleurs.

Le froid est une souffrance intense chez les
Parisiens.

La Parisienne est vaniteuse et suit aveuglé-
ment la mode qu'elle voit.

Nos femmes du peuple, en province, ont la
tête protégée par leur coiffe de lin, nos ouvrières
sensées par le bonnet de linge ou la capeline,
mais à Paris il faut le chiffon de tulle et la fleur
fanée.

Tout à l'heure, dans la rue, passait une femme
de l'aspect le plus maladif. Elle était coiffée du
chiffon de tulle et de la fleur fanée, et cependant elle avait dû protéger ses tempes amai-

gries, et un mouchoir blanc passait sous le chiffon de tulle et se nouait sous le menton.

C'est un dur esclavage que celui de la vanité.

* *

Il y a aujourd'hui trente jours que le siége de Paris est commencé.

Cette nuit, les détonations se succédaient sans intervalle ni trève.

Après ces nuits meurtrières comment ne pas se réveiller triste et bourru !

* *

C'est un don splendide que la beauté, c'est beaucoup qu'une demi-beauté, c'est quelque chose qu'un extérieur ordinaire. Je le reconnaissais aujourd'hui en me rencontrant avec une femme d'un esprit très-remarquable, mais d'une laideur excessive et malheureuse.

Je me sentais devenir horriblement bourru devant elle. Ne pas porter sur le front, d'une manière ou d'une autre, le signe de sa race, voir son âme enveloppée d'une peau de bête est chose désolante.

Cette femme d'esprit, si exceptionnellement laide, avait un collier au cou, une guirlande de liserons bleus dans les cheveux.

A quoi bon, hélas! O simplicité, tu es l'ornement des belles et la dignité des laides, et l'on s'acharne à mépriser ta puissance !

*
* *

Un placard, écrit à la main, m'attire ; voici sa teneur :

« Les citoyennes civiles du sixième arrondissement se réuniront à deux heures, etc. »

La sottise humaine ne se mettant jamais en grève, on peut sourire au milieu des plus graves préoccupations.

*
* *

Par dessus les haies de baïonnettes, nous arrive la nouvelle de la mort d'Alexandre Dumas. Quelle responsabilité le brillant romancier porte au tribunal de Dieu ! La vogue méritée de ses romans leur donnait une immense portée, aussi, parmi les femmes du monde et surtout parmi les femmes de la classe ouvrière, ils ont fait de nombreuses victimes. Il s'intitulait un grand vulgarisateur. Qu'a-t-il vulgarisé? Les passions! Le besoin de les vulgariser se faisait-il donc si impérieusement sentir? tout homme ne les porte-t-il pas suffisamment en soi? Que croit-il avoir vulgarisé ? L'histoire? Il l'a travestie, et il en a fait un élément démoralisateur pour le peuple. Vulgariser ainsi est un malheur social. Que dirait-on d'un boulanger vulgarisant un pain de son invention qui donnerait la fièvre à tout un quartier, à toute une ville, à tout une nation ?

Le célèbre romancier m'était apparu à la Sorbonne le jour d'un sermon pour les victimes d'un tremblement de terre. Cet homme gigan-tesque, aux yeux injectés de sang, aux lèvres épaisses, ne répondait pas précisément au portrait que l'imagination des femmes avait pu se former de l'auteur des *Trois-Mousquetaires*. Il tombe sans bruit, comme tout ce qui tombe au milieu de nos désastres. Suez donc sang et eau pour échafauder une réputation humaine !

*<br>* *

L'abbé et moi venons de nous croiser rue Taranne.

— Vaillant, m'a-t-il dit en désignant du doigt le rouleau de papier placé sous mon bras, en ce moment, ne pas négliger le sanscrit est à peu près héroïque.

J'ai déroulé le papier en silence, et un superbe saucisson a paru devant ses yeux. Ce sont de ces surprises qui appartiennent à notre situation d'oiseaux en cage.

Celle-ci a fait faire la grimace à l'abbé. Porter un saucisson entre ses bras, c'est certainement briser en visière avec tous les principes de gravité. Mais le Nécessaire est un démocrate qui, chaque jour, apprend à se faire obéir. Les magasins se vident des choses nécessaires, il faut désormais agir sans délai. L'asthme tenait ma pauvre Louison à la gorge, et deux heures plus tard j'aurais envoyé dix laquais galonnés, si je les avais eus, me chercher du saucisson, qu'ils auraient entendu cette réponse qui glace quelque peu le sang dans les veines :

— Il n'y en a plus, Monsieur.

Or, comme grâce à notre grand'garde d'honneur prussienne, les matières premières manquent, *il n'y en a plus* peut s'allonger de... *il n'y en aura plus.*

*<br>* *

Rien à l'horizon. L'attente est devenue notre supplice. C'est maintenant qu'on sent que vivre dans le provisoire est le malaise des nations comme il est le malaise des individus. L'immutabilité manque nécessairement à toutes les existences, puisque la vie est un voyage, mais il est dans l'ordre de s'établir dans une stabilité relative et celui qui se soustrait à cet ordre souffre cruellement.

⁂

La pluie, coupée par le vent, tombe toute étincelante du ciel chargé, les étranges et poétiques effets d'automne font leur apparition. Cette année la nature et la France agonisent de compagnie. Laissons passer les bourrasques, les glaces, les neiges même ; regardons plus haut et plus loin, et soyons bien attentifs au mouvement de la résurrection.

⁂

Je fuis Louison qui jette sur la disparition des bifteaks des cris aussi désespérés que ceux que poussait Rachel pleurant ses enfants ; je fuis mademoiselle Eugénie qui ne parle plus qu'amputations, cataplasmes, infusions ; je fuis l'abbé qui, courant à la recherche des blessés

jusque sur le champ de bataille, ne voit plus
que plaies béantes, blessures saignantes, échar-
peménts de toute nature. J'ai donc fui, je me
suis sauvé du côté du Luxembourg. J'y ai retrouvé la guerre et tout son attirail de clairons,
de tambours, de chassepots. Il m'a poussé des
ailes pour fuir de nouveau tout cela, et,
après plusieurs courses, j'ai découvert un en-
droit à peu près solitaire, à gauche de la grande
avenue. Là j'ai pu respirer, vivre, oublier même
quelque peu en admirant la beauté de nos der-
niers jours d'octobre. Hélas ! malgré moi ma
pensée retombait toujours, et à peine isolée, du
moins extérieurement, de nos désastres, elle y
revenait. Pris d'ennui, je me suis levé. J'avais
fui Louison, l'abbé, mademoiselle Eugénie, il
s'agissait de me fuir moi-même. Je me suis mis
à marcher lentement à travers les arbres et in-
sensiblement j'ai noué des relations avec les
grandes statues qui me tenaient compagnie et
que la brume enveloppait d'un beau vêtement
vaporeux. Je me trouvais en aristocratique
et même royale société ; j'étais en compagnie

de Louise de Savoie, une majestueuse ma-
trône dont le profil et le geste sont également impérieux et qui fut la mère de François I$^{er}$ ; de mademoiselle de Montpensier dont
aucun vent de fronde n'agite ce matin les
longues boucles ; de Jeanne d'Albret aux longues manches fourrées d'hermine ; de Marie
Stuart, le front orné de sa couronne fatale, son
livre d'heures à la main. Mais que vient faire
en ce cercle illustre, cette enfant, cette petite
villageoise que je vois là-bas si étrangement
attentive ? Je m'approche, c'est la Jeanne d'Arc
de Rude. Une main levée comme pour impo-
ser silence, même aux bruits de la forêt, l'enfant écoute ardemment les voix mystérieuses
qui lui parlent. Cette adolescente au corps
frêle, à la chevelure frémissante, au beau visage
inspiré, s'assimile tout de suite au type idéal
que bien des gens se sont créé à propos de
l'héroïne de Vaucouleurs.

Je la contemplais encore quand sont arrivés
les sauveteurs de la Seine dont on se prépare
évidemment à faire des soldats.

Cette musique guerrière, ces cliquetis d'armes, ces rappels militaires, m'ont produit
comme toujours une impression pénible, mais
non plus douloureuse. La vue de Jeanne d'Arc
avait réveillé en moi tant d'espérances vivaces,
tant de glorieux souvenirs. L'invasion anglaise
autrement redoutable que l'invasion prussienne
n'a pu vaincre la France, donc la France vivra.
Sur cette donnée consolante, j'ai repris le chemin de mon domicile, et par mon air aimable
j'ai successivement stupéfié Louison, l'abbé et
mademoiselle Eugénie, qui m'avaient vu si
bourru il y a deux heures.

*<br>* *

Le firmament lui-même se met de la partie
pour impressionner les Parisiens. Ce soir vers
huit heures les contours accidentés des nuages
se sont recouverts d'un large voile rose qui a
envahi peu à peu le ciel et qui est devenu peu
à peu sanglant. On s'imaginait voir les reflets

d'un immense incendie. Puis une sorte d'arcade de feu s'est dessinée du Nord au Sud ; à travers ces flammes transparentes s'apercevaient les étoiles au scintillement d'acier ; la partie nord du ciel était d'une belle couleur verdâtre et traversée par trois larges rayons d'un rouge éclatant. C'était splendide. Nous étions admis à contempler la beauté phénoménale de l'aurore boréale.

En réfléchissant ce matin à notre étrange et douloureuse situation, je me disais que les événements infligent à Paris les deux choses catholiques qu'il a toujours fait profession d'avoir en horreur : une retraite et un carême. Pour le carême il est bien et dûment conditionné, le rationnement de jour en jour plus sévère ne tardera pas à dégénérer en abstinence complète. La retraite va devenir aussi inévitable. Toute personne consacrée à Dieu et même tout chrétien sérieux doit, suivant le conseil de l'Église, distraire quelques jours par an de sa vie, quitter de fait ou de pensée les occupations, les embarras, les douceurs de son existence, oublier devoirs et plaisirs pour descendre en lui-même : nous pourrions dire dans le sous-sol de sa conscience, suivant l'étrange expression employée par M. Rochefort; mais la conscience catholique n'a pas autant d'étages que cela. Donc, isolée des affaires du temps dans ces quelques jours consacrés à la réflexion, la créature se replace sous le regard direct de son Créateur. Dans un sérieux tête-à-tête avec lui, elle examine ses sentiments, ses tendances, ses actes, elle se familiarise avec la pensée des grandes choses auxquelles elle ne peut échapper : la mort, le jugement, la vie éternelle; elle rétablit en elle l'équilibre et l'harmonie, toujours un peu dérangés par les secousses de la vie; tout reprend sa juste valeur, tout se réduit à ses justes proportions. Elle avait peut-être mis en oubli la grande pensée philosophique qui porte au mépris de ce qui passe, des mirages brillants

avaient enchanté les yeux de son imagination et
détourné quelque peu son cœur des sentiers
droits. Pendant la retraite, tout en elle va
s'éclairer, s'apaiser, s'élever.

Eh bien ! les Parisiens ont subi et subissent
les préliminaires d'une retraite. Plus de théâtres,
plus de concerts, plus de festins, plus de galas ;
le silence, l'austère et éloquent silence, rem—
place le bruit, l'étourdissement, les courants
rapides de la dissipation par lesquels tant
d'âmes se laissent volontiers entraîner. Paris
faisant silence, il faut bien se recueillir, et
devant ce recueillement obligé, un spectre se
lève comme dans la retraite : la Mort. Ce canon
qui tonne, qu'annonce-t-il ? la Mort ; cette arme
qui remplace la plume, le mètre, l'outil dans la
main des hommes, que signifie-t-elle ? la Mort ;
ces écriteaux, ce drapeau blanc à croix rouge,
que recouvreront-ils ? la Mort.

Les esprits iront-ils jusqu'au bout dans cette
retraite forcée ? La pensée du jugement succé-
dera-t-elle à celle de la Mort, et le jugement
sera-t-il suivi du *mea culpa* et de la volonté de

renverser les faux dieux pour adorer le Dieu vivant, dont les lois, par la logique fatale de l'oubli, tombaient en désuétude? C'est le secret de l'avenir. Bien des fronts s'inclinent sous la main toute-puissante qui nous frappe, bien des voix crient enfin vers le ciel; mais combien d'âmes se roidissent et épaississent comme à plaisir devant leurs yeux le voile de passions et de colères qui leur dérobe le divin secret de ces inexplicables épreuves!

Chaque jour quelque nouveau magasin se ferme et dans presque tous les endroits publics la solitude s'établit. Je suis entré ce matin dans une étude de notaire fort mouvementée d'habitude. Un seul employé, le plus ancien clerc de la maison, feuilletait et annotait un gros registre; évidemment il faisait de l'art pour l'art. Ce bon employé est un Lillois, d'un caractère timide et patient, d'une probité à toute épreuve, d'une complaisance proverbiale. Il laisse, je ne sais vraiment pourquoi, croître sur ses lèvres douces une paire de petites moustaches rousses qui donnent un cachet tout étrange à ses traits efféminés. Cet être faible de corps, doux d'esprit et de cœur, indécis de caractère, transformé en garde national, m'inspirait je ne sais quelle compassion. Un fusil sur cette épaule ronde et basse! un képi militaire sur cette tête inclinée et comme flottante entre ses longues boucles de cheveux roux! Qu'il fût sous cet accoutrement le plus malheureux des hommes! que sa voix basse et musicale tremblât en prononçant le : Sentinelle, prenez garde à vous! que sa main potelée frémît en armant son fusil! que la sueur lui mouillât le visage aux lugubres vibrations du canon! je l'aurais compris. On peut n'être pas lâche et n'être pas guerrier. J'ai donc attribué son air un peu plus piteux que d'habitude à son nouveau métier de défenseur de Paris, et je me suis senti heureux en apprenant que, par raison de santé, il ne faisait pas partie de la garde nationale. Et de quel attendrissement admiratif n'ai-je pas été ensuite saisi quand il a ajouté que sa tristesse venait précisément de cette impuissance à défendre son pays. Digne homme, va!

*<br>* *

Cinquante grammes de viande seulement par personne, c'est la nouvelle, la terrible nouvelle du jour.

*<br>* *

On parle de la reddition de Metz ; Gustave Flourens, — le major des remparts, — affirme qu'il tient la nouvelle d'un membre du gouvernement qui n'est pas Rochefort. Il y a de l'émotion, presque de l'émeute, dans l'air.

*<br>* *

Le rappel bat. C'est le tocsin de l'émeute,

des femmes courent effarées. Que va-t-il se passer ?

*<br>* *

L'abbé m'écrit un court billet, il y a des manifestations rouges à l'Hôtel-de-Ville. La reddition de Metz, l'arrivée de M. Thiers, la reprise du Bourget, ont mis le feu aux poudres. Des masses portant un drapeau où sont écrits ces mots : Levée en masse, pas d'armistice ! envahissent l'Hôtel-de-Ville. Il me rassure sur sa sûreté personnelle, mais il ajoute que son devoir le retient à l'ambulance où il se trouve.

*<br>* *

Il m'a été donné de connaître un bruit plus sinistre, plus douloureusement émouvant que le bruit du canon, c'est le ran plan-plan du tambour qui résonne au milieu de la nuit, continuant les terribles agitations du jour. Cette générale nocturne, cette voix des discordes civiles cause un mortel saisissement.

On se bat à l'Hôtel-de-Ville.

Un peloton de gardes nationaux vient de passer.

Ils sont tristes, ils ne le seraient pas s'ils marchaient vers les remparts, s'ils armaient leur fusil en l'honneur des Prussiens. Une grande douleur se remue dans ces poitrines d'hommes! Le droit, la justice, la dignité, vont-ils être foulés aux pieds? la violence brutale aura-t-elle raison du dévouement? Paris, comme Rebecca, est destiné à sentir ses enfants se déchirer dans ses entrailles !

Que nos malédictions retombent sur les malheureux sectaires qui, ayant fermé le ciel devant le regard de ce peuple, veulent la terre pour eux, dussent-ils l'imprégner de sang et la couvrir de ruines.

L'abbé Martial, encore tout pâle des émotions de la soirée, vient de me raconter les scènes étranges de l'Hôtel-de-Ville.

Dès sept heures du matin des groupes nombreux se formaient sur la place, des discussions passionnées s'engageaient. Vers dix heures une colonne composée de quelques centaines d'hommes apparaît avec la devise : « Levée en masse, pas d'armistice. » Les mouvements de la foule s'accentuent, elle se porte vers le palais. Le maire vient la haranguer, il adresse à ses très-irrespectueux enfants cette phrase inqualifiable : Je vous le jure, moi vivant, les Prussiens n'entreront pas à l'Hôtel-de-Ville. Le corps de ce vieillard barrant seul le passage aux ennemis, est-ce assez d'orgueilleuse folie? Mais cette insensée promesse ne calme rien, la foule crie : « La Commune. » Le maire et ses adjoints reviennent. Les adjoints déclarent qu'ils veulent aussi la Commune, et que, si le gouvernement résiste, ils ne resteront pas une minute de plus à la mairie de Paris. Toujours l'orgueil personnel. MM. Ceci et Cela de moins, qu'arriverait-il donc de si désastreux ?

Rochefort paraît ensuite, monte sur un tabouret, mais ne peut se faire entendre. Le général Trochu paraît à son tour, en petite tenue, la plaque de la Légion d'honneur sur la poitrine. Il prononce quelques belles paroles, mais il est interrompu ; des colloques s'établissent entre l'orateur et le peuple, qui reproche au vaillant gouverneur de ne pas permettre les sorties.

Un utopiste, succède au général Trochu devant le peuple souverain qui a passé par ses écoles. Les farouches disciples n'écoutent même pas le malheureux philosophe qui disparaît avec sa chaise au moment où le major Flourens, un autre philosophe, vient dicter des lois à ses maîtres. Ses miliciens poussent devant eux la foule qui gravit de force l'escalier. Le brave commandant Dauvergne, commandant la mobile de l'Indre, ordonne à ses hommes de croiser la baïonnette pour s'opposer à l'irruption. Il est frappé, on lui arrache son sabre. De la place, un coup de fusil et un coup de revolver sont tirés sur l'Hôtel-de-Ville. Les portes se ferment, la foule devient de plus en plus furieuse. La porte est enfoncée, plus de douze cents personnes s'élancent dans l'escalier ogival dont les magnifiques rampes de fer forgé se tordent et oscillent. Dans la salle des délibérations un bureau se constitue. Félix Pyat, Delescluze, Tibaldi, Flourens et quelques autres montent sur une table, acclament la Commune et font des discours qui se perdent dans le tumulte.

*<br>* *

La Commune votée par tous les maires semble un fait accompli, ainsi que la levée en masse, décrétée par les nouveaux venus. On porte à chaque mairie la liste des membres de ce comité qui s'intitule du *Salut public*. La liste a cent fois varié dans les papiers qu'on jetait des fenêtres ; mais certains noms y pullulent toujours.

Dans un entr'acte l'un des gouvernants af—firme que c'est son ami qui, sous le sceau du secret, lui a communiqué la nouvelle de la reddition de Metz et qu'il a cru de son *devoir* d'en faire part au public. Cet homme de *devoir* ne paraît plus se soucier de son premier mensonge public, imprimé.

Le major Flourens procède ensuite à l'arrestation des membres du gouvernement.

A sept heures les nouveaux sauveurs de la patrie se font servir à dîner à l'Hôtel de Ville. Certains membres de la défense nationale s'échappent ou sont délivrés par les gardes eux-mêmes.

Aucun des ordres émanés des citoyens envahisseurs n'est heureusement exécuté et le citoyen Flourens est bientôt menacé lui-même d'arrestation.

Le 106ᵉ bataillon de la garde nationale mandé à l'Hôtel de Ville y arrive, fait irruption dans la salle où se trouvent les membres du gouvernement et les gouvernants intrus, et vient planter son drapeau sur la table même qu'entourent, Pyat, Flourens, Blanqui. Les tirailleurs de Flourens ne parlaient de rien moins que de fusiller le général Trochu gardé à vue dans un coin. Alors un capitaine s'écrie : « Enlevez le général, sauvons-le ! » Un garde national, un athlète, arrache le général de son fauteuil, et, poussé par la foule et par ses camarades, il regagne la porte. On criait : « Fermez les portes, ne laissez pas passer ! » L'hercule passe, portant toujours le général dont il a remplacé le képi brodé d'or par un simple képi.

La confusion était telle, que le 106e tout entier a pu se glisser au milieu des bataillons qui hurlaient : la Commune.

Résumé éloquent :

A cinq heures du soir le gouvernement n'existe plus et la Commune est proclamée.

A trois heures du matin le gouvernement de la défense nationale est réinstallé et la Commune s'est évanouie ; mais cette ombre sanglante dit toujours, elle aussi ! : « Je reviendrai. »

Hélas ! elle reviendra !

Je ne puis m'empêcher de graver en quelques vers un des souvenirs les plus amers du siége.

*
* *

### Le 31 octobre 1870.

—

La France défaillait sous sa pesante armure,
Ses enfants étanchaient le sang de sa blessure,
Sur son visage auguste ils comptaient les crachats.
Du barbare vainqueur ils maudissaient l'astuce
Et juraient d'opposer aux canons de la Prusse,
Comme un rempart vivant, leur poitrine et leurs bras.

Quand soudain retentit l'émouvant cri d'alarmes,
Les soldats citoyens s'élancent sur leurs armes,
L'ennemi brise-t-il la ceinture des forts ?
Sombres et résolus ils entourent leur mère,
Menaçant du regard cette horde étrangère
Qui ne l'outragera qu'en passant sur leurs corps.

Ce n'est pas l'ennemi, c'est, ô honte éternelle !
L'écume que vomit sur nous Paris rebelle
Quand un crêpe sanglant s'enroule à nos drapeaux,
C'est l'homme inassouvi que la soif d'or consume,
C'est notre feu grisou que la haine rallume
Et qui met l'incendie aux flancs de nos coteaux

La France doit subir ces hommes despotiques,
Ils voudraient la traîner sur les places publiques,
Devant un peuple ingrat la jeter a genoux
Mettre à son front pâli la couronne sanglante

Et c'est le sein blessé de leur mère expirante
Qui devient une cible à leurs funestes coups.


C'est la guerre au dedans, la guerre fratricide,
La France frissonna, mais d'un œil intrépide
Affrontant les Caïns de la sédition,
Elle leva ses bras encor chargés de chaines,
Sur ces fils sans amour, esclaves, de leurs haines,
Elle laissa tomber sa malédiction.


**


Je viens de causer longuement avec un brave employé, caporal de la garde nationale. Son bataillon avait pour commandant un médecin très-grand parleur, mais dont la pauvre éloquence se brisait le plus souvent contre le sens commun de ses auditeurs. Accusé de pactiser avec les furieux de la démocratie, il s'était indigné, il avait assuré qu'il n'avait jamais trempé le bout du doigt dans le plus petit complot, sa maison pouvait être de verre comme celle de Socrate, on ne le verrait pas conspirer. Arrive le rappel nocturne. Les gardes nationaux voient leur Socrate sortir à minuit de la mairie de

Saint-Sulpice. Il élève la voix et veut les entraîner vers l'Hôtel-de-Ville pour affermir le vrai gouvernement. Les hommes rassemblés devinent ses intentions, lèvent les épaules et se retirent.

Le lendemain ils apprenaient que le nom de leur Socrate avait été découvert parmi les plus dangereux faiseurs de complots et ils demandaient courageusement sa démission.

*
* *

Il fait un temps superbe, et Paris, tout en étant militairement animé, paraît relativement calme. La place de l'Hôtel de Ville est à peu près déserte. J'ai vu s'y promener le spectre mélancolique de la Commune, sous l'apparence d'un homme de haute taille et de tournure paresseuse, enveloppé dans un manteau de drap à haut collet de velours, qui tombait en plis droits le long de son maigre corps. Au manteau se joignaient les cheveux flottants, la barbe mal peignée, le chapeau déformé, les souliers éculés, la tournure dramatique, propres à ce genre de personnages. On se demande où vivent, où s'agitent ces fantômes révolution- naires que chaque crise sociale fait remonter au soleil avec leurs loques étranges et leurs phy- sionomies de demeurants d'un autre âge.

*
* *

Beaucoup d'affiches sur les murs. Depuis le 4 septembre, le charabia envahit les murs et beaucoup de journaux le parlent !

Au-dessous des grandes affiches se lit au- jourd'hui cette question concise mais éloquente :

« La population de Paris maintient-elle, oui ou non, les pouvoirs du gouvernement de la dé— fense nationale ? »

*
* *

Avec quel aplomb certains journaux mentent. J'en ouvre un qui parle de la rapidité avec laquelle les souverains déchus sont abandonnés ;

Il ose dire : « Après 1830 on aurait en vain proposé cent mille francs d'un légitimiste. » Il y en avait, on les a vus et on aurait pu les compter. Affirmer ainsi une chose certainement fausse, c'est dépasser ce qu'on est convenu d'appeler l'aplomb.

*.*

Un journal écrit sur les Bretons. « La Bretagne, dit-elle gravement, a fourni et fournira peu de grands hommes. » Quels sont les hommes que vous appelez grands, ô Journal ? Sont-ce des marins ? Et Duguay-Trouin ? — Des littérateurs ? Et Chateaubriand, et Lamennais, et Briseux ?

Si chaque province en fournissait autant, sans compter Paris qui doit représenter la pépinière aux grands hommes, les grands hommes, ne nous feraient pas aussi sensiblement défaut à cette heure.

Le journal tient à définir les bienfaits de la Révolution, qui, pour les moblots bretons,

reste tout bonnement la mère de la guillotine
Ce n'est pas leur faute si notre pauvre Répu-
·blique en a une dans son blason, ce qui sera
éternellement regrettable. Liberté de penser,
s'écrie l'instructeur, égrenant sa grappe de
bienfaits, comme si l'on ne pensait pas avant
lui ; de parler... ne parle t-on pas beaucoup
 rop, hélas ! d'écrire, oh ! monsieur l'instituteur,
vos maires de Paris avec leur charabia, vos romanciers avec leurs romans immoraux, ne nous
donnent pas déjà tant d'estime pour la liberté
d'écrire ! L'instructeur finit par s'enchevêtrer
dans toutes ces libertés incompréhensibles et
n'en donne pas une qui soit véritable. Enfin, il
avoue qu'il a vu la fraternité au bivouac des
Bretons : officiers, soldats, aumôniers, mettent
tout en commun. C'est comme cela : sans
libertés, on les a toutes dans la très-catholique
Bretagne, et on n'opprime personne. Quand on
réfléchit au profond retentissement qu'ont les
mots sonores de ces beaux parleurs dans certaines régions populaires, on devient archi-
bourru.

Pour dompter ma mauvaise humeur ! j'ai lu
la lettre d'un mobile breton , par François
Coppée et j'ai écrit tant bien que mal la réponse :


## RÉPONSE A LA LETTRE D'UN MOBILE BRETON.

—

### MARC'HARID A ERWAN.

Kernor, le 27 novembre 1870.

Mon frère, ce matin nous recevons ta lettre ;
Et ce soir, pas plus tard, sur papier je veux mettre
Nos souvenirs à tous et les bruits du pays.
Je revenais du four par le grand bois taillis ;
Tu sais, le bois touffu qui nous cache la lande,
Où tu m'as tant cueilli de bouquets de lavande.
Mon cœur était bien triste, et mon pas était lourd :
On avait si souvent dit ton nom par le bourg !
« Vous n'avez plus Erwan et sa jument pécharde, »
M'avait crié Kernac'h, le joueur de bombarde,
Qui noyait le chagrin chez les nouveaux conscrits,
Dont les yeux sont mouillés et les chapeaux fleuris ;
Et qui, tout désolés de quitter leur Bretagne,
Bravement, en dansant, se mettent en campagne.
Ce mot, dit en riant, me pesait sur le cœur,
Et je songeais à toi, quand je vis le facteur
Qui grimpait le sentier. Je ne pouvais comprendre
Pourquoi le brave gars me criait de l'attendre,

La poste, et c'était là le gros de nos soucis,
Ne marchant plus chez nous, du moins jusqu'à Paris.
J'attendis cependant ; et quelle fut ma joie
Quand sortit de son sac un fin papier de soie,
Où je lus notre nom et celui de Kernor.
Dans ma jatte de bois je plaçai mon trésor ;
Et, tirant mes sabots pour arriver plus vite,
Je courus comme un lièvre éperdu vers mon gîte.
Le chemin raboteux à mes pieds semblait doux ;
Et je ne sentais plus ni sable ni cailloux.
Dans la cour, je passai derrière le grand hêtre ;
Et, sans bruit, j'avançai la tête à la fenêtre.
Tadcoz [1] était assis sur le banc de noyer
Qui touche à ton lit clos, à gauche du foyer.
Depuis que son Erwan est parti pour la guerre,
Le pauvre cher Tadcoz ne nous parle plus guère ;
Il marmotte tout bas en regardant le feu,
Et conte, à sa façon, sa lourde peine à Dieu.
Barbaïk, la pauvresse, à genoux devant l'âtre,
Chauffait ses vieilles mains ; et notre petit pâtre,
Qui voudrait s'engager, coupait des navets blancs,
De ceux que tu semas dans le pré des Étangs.
Ma mère, que vraiment je trouve un peu changée,
Taillait du pain de seigle ; et la nappe frangée
Recevait à la fois entre ses larges plis
Et le pain et les pleurs dont ses yeux sont remplis.
Devant Père fumaient nos crêpes de dentelle.....
En manges-tu là-bas ? Dans une grande écuelle
Vois-tu mousser le lait du matin baratté ?

[1] Grand-père.

Il se signait disant son bénédicité,
Quand je criai : « D'Erwan j'apporte des nouvelles !.. »
Il fallait voir les yeux lancer des étincelles :
Père restait debout, son chapeau dans la main,
Mammik [1] tombait assise en renversant le pain ;
Ton chien, ton pauvre Mapp, qui dormait dans la cendre,
Jappait, le nez en l'air, d'un ton plaintif et tendre.
Barbaïk et Tadcoz avaient dressé leurs corps :
Ton nom ressuscitait même ces deux cœurs morts.
J'entrai..... Comme les vieux ont l'oreille un peu dure,
J'allai près du foyer commencer ma lecture.
Nos parents écoutaient sans oser respirer,
Et Mère ne pouvait s'empêcher de pleurer.
Quand je finis, je vis qu'elle baisait ta lettre.
Mon père a dit : « Le gars au métier va se mettre
Et sera bon soldat pour faire son devoir. »
Le pâtre s'étonnait de tout ce qu'un point noir
Me disait en français ; Barbaïk, la pauvresse,
Que tout événement militaire intéresse,
Causait avec Tadcoz des guerres d'autrefois.
Pour moi, j'ai dû laisser Tadcoz à ses exploits,
Et tous à leur bonheur. Me faisant ta courrière,
J'ai, sur mes souliers fins, couru vers la rivière.
D'Yvonne j'entendais le grand coup de battoir,
Et je ne voulais pas attendre jusqu'au soir
Pour porter à son cœur, qui t'est resté fidèle,
De ton bon souvenir l'agréable nouvelle.
Ta promise n'a plus sa gaîté de pinson ;
Ses lèvres, d'où sortaient le rire ou la chanson,
Sont closes maintenant. Près d'elle je m'arrête,

---

[1] Petite mère

Je l'appelle bien haut ; elle lève la tête,
Aperçoit le papier que je tiens à la main,
Se dresse sur ses pieds, bondit dans le chemin.
Pour lire, je m'étais assise au pied d'un saule,
Du vieux saule entr'ouvert. Par-dessus mon épaule,
Yvonnette lisait ; et de ses yeux baissés
Tombaient des pleurs d'amour, qu'ici je t'ai glissés.
Elle te fait, par moi, ses compliments sincères ;
Elle dit que ton nom revient dans ses prières ;
Et qu'à Sainte-Anne, un jour, nous irons les pieds nus
Avec le cierge blanc, qui coûte deux écus.
Yvonne consolée a repris son ouvrage ;
Et j'ai repris gaîment mon doux pèlerinage.
Aux amis, aux parents, à monsieur le recteur,
J'ai porté ton billet en fidèle facteur.
Cela soulève un peu notre poids de tristesse
De penser qu'on reçoit un bon mot de tendresse,
Grâce à cette machine étrange, à ce ballon
Qui traverse le ciel comme un oiseau, dit-on.
Il est doux de savoir au fond de sa montagne
Qu'on est content, là-bas, des soldats de Bretagne.
Donc, on est un peu moins désolé par le bourg.....
Le bon Dieu, disons-nous, n'est pas devenu sourd.
Les gars ont leur fusil, les femmes leur rosaire ;
Avec cela, chez nous, on supporte la guerre.
Dis à monsieur René qu'on est bien au château.
Le vieux Comte a planté sur sa porte un drapeau,
Et prépare au combat, avant qu'il ne s'engage,
Les vieux et les petits qui montrent du courage.
Ils en ont tous, Erwan, à preuve le tailleur,
Qui, tout bossu qu'il est, s'habille en artilleur.
Ce matin, mamzelle Anne a cueilli dans notre aire

Des fleurs de centaurée et de pariétaire ;
La Comtesse et Mammik, assises sur le puits,
Ensemble sanglotaient en parlant de leurs fils.
Chacun a son chagrin en ce temps de misère,
Riche et pauvre ont prêté du sang pour cette guerre,
Vous vous battez là-bas, et nous souffrons ici ;
S'ils viennent à Quimper, nous nous battrons aussi.
— Mais il faut te quitter ; je n'ai plus rien à mettre.
Au chant du rossignol je ferme cette lettre.
Kenavo [1], mon Erwan, je t'embrasse pour tous.
Kenavo, le bon Dieu te ramène chez nous !

*<br>
* *

Les maires impriment toujours et changent souvent d'avis. Ils disent aujourd'hui — le pour, en charabia exalté, le lendemain, — le contre. Il n'y a que le charabia qui ne change pas. Tout cela se confond avec ce qu'écrivent d'autres citoyens à leur propre éloge. La corde semble rompue, la vanité humaine s'élance sur les tréteaux et chaque citoyen parle de lui avec une naïveté adorable. Tous, ils déclarent qu'ils ont le devoir étroit, strict... de faire imprimer

[1] Adieu.

leur charabia. Au milieu de ces petits ruisseaux troublés, bondissants, furieux, roule comme un fleuve large, clair et profond, la prose de Jules Favre. Jules Favre ce trop fameux opposant, sauve en ce moment l'honneur de la langue française, et fait un peu pièce aux ridicules philippiques des éloquents de la rue.

*

* *

Le canon fait entendre sa voix formidable. Ce ne sont plus des coups isolés et lointains. Ce sont de larges détonations qui se rapprochent. O voix, voix terrible ! parles-tu allemand ou français ? sont-ce nos ennemis qui tombent ? sont-ce nos frères ? On se presse le front entre les mains avec désespoir et on attend...

*

* *

La dernière circulaire de Jules Favre inspire à l'*Univers* des réflexions d'une vérité saisissante.

12.

Ce langage mesuré, qui a été la majestueuse voix de la France, devient froid, presque vulgaire, dans les angoisses du moment. C'était superbe et vrai il y a quelques jours, aujourd'hui, le lendemain du rejet de l'armistice, devant les désespérantes nouvelles de la province, en face du bombardement, de la famine de la destruction, cette déclamation pompeuse paraît glaciale et vide. Aux gens qui se préparent à mourir on tient un autre langage que celui de la diplomatie, et le style de l'homme d'État aurait dû s'élever d'un bond à l'effrayante hauteur des circonstances. Il se rabaisse, au contraire, et cependant, s'il n'y a pas d'espérances au delà de cette tombe qui s'ouvre béante, pourquoi mourir volontairement, sur l'ordre d'un monsieur inconnu, fort confortablement installé dans un palais? Pourquoi surtout tenir embrassés les genoux de cette chère France, si, grâce peut-être aux écrits et aux discours de ce monsieur, elle doit tomber déshonorée dans le bras de Français, indignes de ce nom? Le rhéteur éloquent, qui a traduit

nos premières souffrances nationales, semble ne
pas comprendre les convulsions de douleur des
véritables Français. Il ne sent donc pas bouil-
lonner en lui des tempêtes de saintes colères. Il
n'est donc pas du nombre de ces enfants qui gé-
missent de voir leur mère placée entre une sol-
datesque barbare et ceux qu'on a très-légitime-
ment appelés, d'incomparables drôles. Le jour
de l'attentat du 31 octobre, Jules Favre, prisonnier de la populace qu'il a encensée puis niée,
souriait, dit-on. Qu'il fût calme, c'était son devoir ; mais sourire devant ces hordes triom-
phantes, c'était aussi déclamatoire que le dernier manifeste qu'il a adressé aux chargés
d'affaires des cours étrangères.

*<br>* *

Beaucoup de dépêches arrivent par les pigeons voyageurs. Qui donc, il y a un an, aurait
cru que l'aile soyeuse d'un oiseau se fût trans-
formée en un wagon-poste ?

*
* *

La province ne donne guère de ses nouvelles
et celles qui nous arrivent par-dessus les murs
sont terrifiantes. On nous dit qu'à Marseille, à
Lyon, à Toulouse et à Bordeaux le régime terroriste de 93 a remontré sa tête hideuse. Le
moment est vraiment bien choisi !

*
* *

Le front dans mes mains, je réfléchissais ce
soir à la succession d'événements désastreux
qui nous montrent la guerre civile succédant à
l'invasion, et je m'adressais, comme au lendemain de la révolution du 4 septembre, cette
question : Comment des hommes, possédant le
libre exercice de leurs facultés, ont-ils pu créer
la délégation gouvernementale de Tours ? Je
voyais passer ces envoyés parmi les populations !
Le rouge en serait monté au front de la
République, si la République avait pu rougir.
Aussi la province ne s'est-elle pas levée toute

grande, aussi ses forces ne se sont-elles pas groupées ! Il y avait dans la seule vue de ces gouvernants de quoi briser tout élan, refroidir tout enthousiasme. On peut dans une phase de danger obéir à un être antipathique, à un être détesté, on n'obéit jamais à un être ridicule.

Eh quoi ! en France, il n'y avait pas trois hommes honorés, supérieurs, absolument dignes d'estime ? Eh si ! mais il a fallu puiser dans Paris et Paris se concentrait dans le petit camp de la gauche, et la gravité réelle de la situation échappant, il fallait avant tout des complices. O République, ces gens-là peuvent t'aimer, si toutefois ils ne s'aiment pas eux-mêmes avant tout ; mais qu'ils t'ont mal servie !

*<br>* *

On publie le manifeste de Napoléon le *Sedan-taire*. Un Français meurt, mais ne perd pas un jeu de mots.

* *
*

Qu'elle est belle, l'unité dans les convictions ! La lecture de certains journaux en vogue à Paris est maintenant tout un enseignement. Ils ont vécu en caméléons, ils veulent mourir en caméléons. A cette heure suprême ils remplissent par continuation leur rôle distrayant de girouettes. Leurs articles sont inconciliables à tous les points de vue, qu'importe ! On les entend hurler les uns auprès des autres sur la même feuille de papier, comme autrefois. Mais enfin, autrefois nous étions un peuple énervé et nous sommes un peuple héroïque ; autrefois nous nous abêtissions dans le plaisir, maintenant nous nous grandissons dans le sacrifice ; autrefois nous lançions, pour jouer, des pierres contre l'édifice religieux et social, et aujourd'hui nos bras l'étayent pour en empêcher le fatal écroulement ; autrefois nous étions des égoïstes, aujourd'hui nous sommes des combattants ; autrefois nous ne sentions que les ivresses de la vie, aujourd'hui nous sommes en face des redoutables mystères de la mort. La mort nous regarde, nous menace, nous talonne, et devant cette réalité, serait-ce trop de demander aux Français intelligents une heure sérieuse ? Le rire va mal à l'agonie virile ; elle n'a jamais eu qu'un langage : le silence. Donc, si vous parlez, ô journalistes, parlez en hommes. Que chacune des feuilles de papier qui s'échappent en ce moment de doigts français ne nous soit pas une condamnation devant la France ressuscitée ; faites taire les violons, puisqu'on ne danse plus ; insufflez à votre public l'énergie, le calme, l'espérance ; chantez-lui des hymnes guerriers ; exaltez son patriotisme : mais n'oubliez pas qu'il a conquis ses droits au respect. En passant devant le fantôme sanglant de la France, nous ne rions pas, nous lui crions : « O France, ceux qui vont mourir te saluent. Du respect, du respect et encore du respect ! »

Ne mêlez pas dans vos colonnes les accents poignants de Louis Veuillot, prononçant en un langage inoubliable l'éloquente oraison funèbre de notre dignité, et les boutades humoristiques d'un monsieur bavard ; ne nous annoncez pas en même temps le trépas héroïque d'un soldat-citoyen sur le champ de bataille et la mort d'une comédienne obscure ; ne dressez pas devant nos yeux, côte à côte, le fort du Mont-Valérien et le théâtre du Palais-Royal.

N'est-ce point assez des mensonges et des bottes du major Flourens pour nous pousser dans l'abîme du mépris européen ?

*<br>* *

Aujourd'hui désolations intimes des Parisiens. Ma vieille Louison et mademoiselle Eugénie poussent un gémissement continu. Ordre est donné de faire une déclaration de toutes les vaches laitières ruminant dans Paris. Cet ordre est évidemment un prélude de carnage, et bien des réclamations émues se font entendre. Et le déjeûner du matin ! et le cher enfant dont la fauve nourrice se trouve condamnée à l'abattoir !

*
* *

Orléans est repris, c'est un succès. Je ne sais quelle étincelle d'espoir s'allume en tous les cœurs. Paris est déjà content. Si seulement il avait eu la force de ne pas rouvrir ses théâtres ! Voyez-vous l'éclatante réparation que nous aurions pu donner des scandales passés, les Parisiens dépassant les Romains de toute la tête et fièrement ne demandant que du pain et pas de cirques ! C'eût été trop beau, hélas ! il leur a fallu des spectacles.

*
* *

Le fameux maire provisoire de Paris, redevient simple citoyen, Paris, que je sache, n'en a pas croulé de désespoir.

*
* *

Il y a des hontes dont on ne s'accommode pas. Chaque fois que j'envisage nos délégués politiques, je deviens positivement écarlate, c'est comme si l'on me donnait un soufflet. Comment mâcher et digérer ce ridicule? Les insultes se lavent dans le sang; mais comment laver celle-là, la pire, puisqu'on se l'est infligée à soi-même? Si le temps était aux chansons, il ne resterait qu'à chansonner ces débris gouvernementaux qui écrivent de faire à Garibaldi une réception grandiose, qui lui ouvrent impudemment les bras de la France.

Faites donc des prodiges de vaillance, des merveilles d'abnégation, soyez donc patients, dévoués, terribles, pour arriver à ouïr ces radotages séniles! Je n'ai qu'un vœu à former. Qu'on arme ces fiers délégués et qu'ils s'en aillent en guerre! Pendant que nos plus fiers, nos plus intelligents, nos plus beaux jeunes hommes tombent sous les balles allemandes, je ne vois pas pourquoi nous conserverions ces grands hommes, qui se permettent de faire parler la France. Que ces marionnettes se disloquent bien vite et qu'on les chansonne! la chanson, c'est bien la seule oraison funèbre que méritent ces doublures d'ambitieux.

Les masses profondes des Parisiens continuent à s'entasser contre les portes des boucheries municipales.

Curieux signe du temps ! Un peuple furieux envahit les salons de l'Hôtel de Ville, qui exigent des souliers fins ; un peuple paisible grelotte devant l'humble boutique, quêtant ce qu'il a en quelque sorte le droit d'exiger, attendant devant cette maison banale où il a le droit d'entrer.

Donc, ce peuple réclame ses droits sur des palais qu'il n'habitera jamais, il ne sait pas réclamer le droit le plus naturel : le droit de vivre. Vivre, c'est si commun, et on l'a tellement enflé d'orgueil, ce pauvre peuple ! Je voudrais détacher la devise : Liberté, Égalité, Fraternité, des majestueux frontons où elle fait si maigre, si grelottante, si inutile figure, pour l'appliquer sur les boucheries municipales. Ces trois mots flamboyants sont-ils donc de vains mots ? L'Égalité à l'Institut qui ne possède que quarante fauteuils immortels est un vain mot, la Liberté à la Banque de France qui a une quadruple serrure à ses caves est un vain mot, la Fraternité à l'Opéra où il y aura toujours des loges et un paradis est un vain mot, un beau mot ronflant, pas davantage. Donc, si j'étais maire vingt-quatre heures dans cette belle mais fantasque ville de Paris, je transporterais la fameuse devise sur les boucheries municipales · Liberté d'emporter sur-le-champ sa ration de viande, Égalité devant l'étal, Fraternité chez les gardes nationaux de garde et les illustres garçons bouchers. Faudrait-il ajouter : et la mort ? Non, cette sauvagerie est, je l'espère, passée de nos mœurs, elle n'existe plus qu'en lettres noires sur la façade de l'École de Droit. Il n'est pas dommage que le grattage l'ait respectée là. Ce petit mot fait vraiment rêver et peut au besoin servir de mémorandum vis-à-vis de ceux qui acclament nos doux pères de 93.

Avant d'en finir avec la devise fameuse, j'ajouterai que sous tous les régimes possibles ou impossibles de l'avenir, je la laisserais à la face de nos grandes basiliques. Sur ces façades saintes, elle est plus qu'un rayonnement, elle est un acte de foi. Là trônent vraiment dans leur immuable Majesté ces trois grandes sœurs : La Liberté, l'Égalité, la Fraternité.

Les chrétiens, là, sont libres, frères, égaux ; un coup d'œil sur la table eucharistique suffit pour le prouver. Quand la Liberté, la Fraternité et l'Égalité seront bannies de dessus la terre, on les rencontrera cachées chez quelque groupe obscur, formé par les disciples du Christ.

*
* *

J'ai visité aujourd'hui plusieurs ambulances, en compagnie de l'abbé qui y passe sa vie. Comme la souffrance et la religion s'harmonisent ensemble ! La plus humble sœur, sa croix sur la poitrine, en dit plus au chevet d'un blessé qu'une demi-douzaine de garde-malades mondaines, quoique bien intentionnées. Et puis, à part de hautes exceptions, la femme, qu'elle me pardonne de le lui dire, pose toujours un

peu. Or connaissez-vous un supplice égal à celui qu'infligent à un être qui souffre ces sourires,
ces gestes, ces mignardises, disons-le, hélas !
ces coquetteries niaises, auxquelles il ne peut
ni ne veut répondre.

La souffrance, de sa nature, est austère, il
faut au vrai souffrant des soins graves ou les
soins intimes et caressants des êtres aimés.
Aussi pour ce Français vaillant frappé par l'é-
tranger, mais étranger lui-même dans l'ambulance, rien ne vaut les soins de la religieuse
qu'il appelle immédiatement : Ma sœur, et dont
la physionomie, l'attitude, sont empreintes de
cette simplicité évangélique qui est une grandeur. On aura beau faire, le laisme ne pourra
remplacer cette chose d'invention divine qui
s'appelle la charité.

En sortant de ces salles où j'avais vu tant de
fronts décolorés, tant de traits crispés, où tant
de silences lugubres m'avaient parlé, je pensai
aux êtres qu'aiment ces êtres, à ces mères, à ces
pères, à ces épouses, à ces fiancées que dévore
l'angoisse, et dans la douleur intense dont mon

propre cœur souffrait, je me sentais une violente envie de décréter le bonheur comme l'illustre Flourens décrète la victoire. Hélas ! l'un est aussi impossible que l'autre. Flourens, qui décrète la victoire et qui demande que tout général vaincu soit fusillé, a été heureusement vaincu à l'Hôtel-de-Ville et ne s'est pas fusillé lui-même, et moi, en sortant de ces ambulances gémissantes, où j'avais pensé qu'il serait bien doux de décréter le bonheur pour l'humanité, je me heurtais à des femmes en deuil, à des enfants affamés, à des vieillards éclopés. J'ai machinalement levé les yeux en haut. Décidément la victoire et le bonheur dépassent le temps. Le temps, c'est l'heure de la souffrance ou du combat.

*<br>* *

Je ne puis résister au plaisir de jeter un coup d'œil sur une des petites scènes intimes de la comédie politique qui se joue sous nos yeux. Un journal de Tours insère un avis. Il prie les nombreuses personnes qui désirent voir certain grand personnage de cesser de se présenter parce qu'il est accablé de travail à cause de sa triple fonction gouvernementale. Une fois entré dans le gouvernement, on dépose toujours l'encensoir qu'on agitait sous le nez du peuple. Malgré l'avis, la préfecture est assiégée par une foule de solliciteurs qui viennent, non pas pour offrir leur aide à la défense nationale, ce qui justifierait leur insistance, mais pour solliciter impudemment des places, des honneurs, des emplois. Eh ! pourquoi pas? répond la foule.

On devrait comprendre, dit toujours le gouvernement avec une ironie bien peu respectueuse pour le peuple, que la France a besoin de soldats et non de sous-préfets.

O bonnes gens, ô gouvernants! ne voyez-vous pas que vous tombez dans l'ornière monarchiste et que vous parlez comme ces infâmes catholiques, qui ont un respect imbécile pour l'autorité ! Voici que je rencontre un des solliteurs que vous malmenez et qui, votre avis à la main, le commente avec une logique implacable. 1° M<sup>r</sup> Trois galons se dérobe derrière sa triple fonction. Pourquoi cumule-t-il ? Dans notre foule républicaine n'y a-t-il pas des mil—liers de médiocrités qui le valent ? Qu'il daigne puiser parmi nous et se dédoubler. 2° Nous sollicitons impudemment des emplois et des honneurs ? N'avez—vous pas sollicité toutes sortes de choses et puis enlevé de haute main la puissance gouvernementale ? Que nous pro-mettiez-vous ? des merveilles en fait d'emplois et d'honneurs, nous venons les réclamer, c'est juste. Nous n'acceptons pas que vous nous ré-pondiez que, parce que vous avez bu, nous sommes ivres. 3° « La France a besoin de sol—dats et non de sous-préfets. » C'est notre avis ; seulement comment accepter d'aller nous faire tuer au lieu de nous installer comme délégués dans quelque bon hôtel ? Allons, en avant vous autres ! Nous vous retournons le compliment, faites-vous soldats et à notre tour nous serons délégués et nous dirons aux autres d'aller se faire tuer afin de nous conserver à notre délé-gation. Quel langage réactionnaire vous nous tenez, citoyens ! Permettez-nous de lever les épaules. Nous voulons bien encore ouïr les commandements de Trochu, qui est loyal et qui ne nous a rien enlevé de nos croyances; de Jules Favre, qui parle un peu comme vous, mais en bon français, dit-on ; mais aux vôtres, nous rirons comme à la parade. Au fond, vous avez eu raison de nous avoir tant parlé de notre intelligence, elle nous servira à ne pas nous laisser conduire par des oisons. Jouez désormais tant qu'il vous plaira du tambour et du fifre, nous sommes résolus à ne pas nous laisser payer en monnaie de singe.

*<br>* *

Il y a un mot qui fait son chemin et qui commence à se prononcer partout, bien qu'il jaillisse des entrailles même du christianisme ; c'est le mot régénération. « La France après ces sanglantes épreuves se relèvera régénérée ! » crie-t-on sur les toits. C'est aussi ma foi et mon espérance ; mais ce que tant de gens murmuraient tout bas, depuis si longtemps, était donc vrai : nous dégénérions. Et dire qu'en août dernier celui qui l'eût dit à haute, intelligible et puissante voix aurait couru le risque d'être lapidé.

Dans notre malheur nous aurons du moins l'intelligence de déplorer les fautes qui ont été le résultat de nos passions portées dans le domaine surélevé de la politique. Peut-être même, nous élevant plus haut, après les réflexions sur les fautes qui ont endommagé nos intérêts du temps, en viendrons-nous à penser à celles qui endommagent les intérêts de l'éternité. Tout cela se touche de bien près sans en avoir l'air et un peuple dont le regard ne s'élève pas plus haut que les tuyaux de poële d'infimes gouvernants, désapprend bientôt les grandes vertus civiques !

*<br>* *

Quels chocs ! quelles contradictions ! Il faut habiter une ville assiégée pour connaître toutes les horreurs de la contradiction. Aujourd'hui, dans le même journal, on dit que le drapeau rouge flotte à Marseille et à Lyon, et on affirme que l'ordre règne dans ces deux villes. Ceci, pour des indifférents, n'est qu'une question de détails dans un malheureux ensemble ; mais on ne peut s'empêcher de penser aux familles qui ont des membres dans ces deux villes ; c'est à faire mourir de saisissement, or on meurt de saisissement, témoin tous ces grands de l'empire qui se laissent écraser sous son effondrement.

*<br>* *

Après le problème sanglant de la situation présente, le problème le plus ardu du passé, c'est toujours la reddition de Metz et la conduite du maréchal Bazaine. On dirait un feu d'artifice mal éteint, de temps à autre une fusée part et la flamme brille. A-t-il trahi ? N'a-t-il pas trahi ? Voilà ce que l'avenir nous apprendra sûrement si nous survivons au siége.

A ce propos et à beaucoup d'autres il est de nos délégués qui se livrent à des accès colériques qu'ils croient pleins de grandeur. La puissance de ces dictateurs évanouie, et elle

s'évanouira, il se trouvera des gens qui leur diront leur fait. Il est agaçant de s'entendre si
mal parler. Or, comment l'oublier, ils parlent
au nom de la France. Descendront-ils de ces
hauteurs qui les font paraître si petits ? Je
l'ignore absolument, tout devient si anormal ;
mais, s'ils tombent, on rira bien de cette phrase
inimaginable qui se trouve dans une dépêche
d'hier : « Vous pouvez hautement affirmer que
notre gouvernement est partout respecté et
obéi. » Du respect, de l'obéissance ! Est-ce
que les gens mécontents lui obéissent vraiment ? Est-ce que les indépendants de sa
race lui obéissent ? Mais où donc gît leur indé-
pendance ? Pour nous, nous ne les respectons
ni ne leur obéissons. Le respect se mérite, ô
illustres citoyens, l'obéissance aussi ; vous avez
souvent fait de votre mieux, selon vos moyens;
mais enfin vous avez atteint votre but, le premier ambitieux venu se remuerait pour beaucoup moins que cela.

Hier courait, à petit bruit, une nouvelle qui

faisait doucement battre les cœurs : un armistice était conclu, disait-on ; on allait pouvoir
consulter le pays, nommer une assemblée cons-
tituante, qui serait chargée de la création d'un
gouvernement régulier et légitime. A côté de
cette solennelle question touchant à l'intérêt général de la nation, se levaient, toutes palpi-
tantes, les questions individuelles, les questions
de sentiment. Sous l'uniforme de garde national
battent des cœurs de père, de fils, d'époux. Tandis que les hommes exclusivement politiques
voyaient poindre à travers le nuage allemand,
qui n'est pas vaporeux hélas ! des silhouettes en
paletot, à la barbe grise, au front grave, et
se réjouissaient de serrer la main à des députés
quelque peu courageux et quelque peu indépendants ; d'autres apercevaient, toujours au
delà du nuage, des tailles frêles, des cheveux
blonds, des yeux aimants, toute une foule de
femmes aimées et d'enfants chéris, et ouvraient
machinalement les bras, de désir. L'armistice,
c'est peut-être la paix, c'est surtout la réunion,
c'est au moins l'espérance ! Qu'il vienne donc !

* *
*

Que signifient ces formidables détonations qui ébranlent ce matin mes vitres en même temps que mes espérances ? Je n'ai jamais vu d'armistice ; c'est peut être à coups de canon que ces choses-là se signent. Malgré cette grosse pluie attristante, il faut que je coure aux nouvelles.

*
* *

L'armistice n'était qu'un bruit décevant, pas autre chose.

*
* *

Le peuple va en foule aux Français écouter dire les *Châtiments*, toujours le *Panem et Circenses*.

*
* *

L'armée parisienne a pris l'offensive. Nos soldats et nos mobiles sortent, c'est-à-dire marchent à la victoire ou à la mort. Quelle nuit !

*
* *

Quels vomissements de mitraille ! Chacun de

ces coups nous blesse en quelque sorte, heureux
ceux qui combattent !

*
* *

La canonnade recommence, l'engagement
prend des proportions de plus en plus vastes.
On signale l'élan de la garde nationale, de
l'armée, on parle des mobiles bretons toujours
particulièrement intrépides.

Mais Paris reste Paris. Une grande affiche
fraîchement apposée vient aujourd'hui même
choquer mon regard : elle émane d'un théâtre
qui annonce une représentation dramatique. Le
drame ! mais il est là vivant, foudroyant, il
nous touche, il nous étreint. A bas les masques !
le sang coule, notre sang ! Nous avons le droit
de crier à tous les grelots : Silence ! Dans les
rues j'ai vu des femmes rire aux éclats ! N'y a-
t-il plus de Françaises ?

*
* *

Des positions difficiles ont été brillamment
conquises : le général Ducrot, dont on ne peut

qualifier le courage, a passé la Marne ; c'est un succès enfin. La population afflue sur les routes par où arrivent les blessés. Quelle attitude ils avaient, ces vaillants ! Pâles et défaillants, ils saluaient la France victorieuse; une joie étrange illuminait particulièrement la figure des soldats bretons, ces hommes de fer et de foi. La population incrédule de Paris a vu dans une voiture découverte un prêtre soutenant la tête pâle d'un officier blessé : le consolateur auprès du combattant ! Paris se souviendra de ce tableau unique : ceux qui ne se donnent pas la peine d'aller chercher la vie de la religion dans ses œuvres, l'ont vue remplir au sein même de Paris sa divine mission. Ce n'est plus l'abbé de fantaisie des théâtres et des romans qui apparaît maintenant aux Parisiens du boulevard : c'est le vrai prêtre s'immolant sous une forme nouvelle pour le salut des âmes.

A Paris on vit en tout de frelaté ; aussi la force physique s'en va et la force morale s'é—

teint. Les conseillers littéraires du peuple font cependant de leur mieux pour être un peu sérieux en ces graves moments ; pas trop, car ils ont peur de déplaire au public qu'ils ont enniaisé, mais un peu. De quel nom flétrir le sentiment qui pousse une certaine petite presse, qui veut parler, à ne jamais parler virilement à un peuple condamné à faire l'acte viril par excellence : le sacrifice de sa vie ? Quand le canon, le tambour et le clairon parlent si haut, est-il permis de jouer du mirliton ? Quand l'épreuve nationale et privée atteint ces proportions, n'y aurait-il pas un tact suprême à ne plus amuser quand même ? On peut exciter, relever, instruire ; mais on ne jabote plus. Les efforts pénibles qu'ils font tous pour tirer une dernière gaudriole, un petit rien malsain, un souvenir grivois de leur sac, font mal. Hélas que veut-on qu'ils disent, ces malheureux ? on ne dépense que ce que l'on a amassé ; quand on a joué toute sa vie dans un café chantant, on ne peut risquer de faire sa partie dans les majestueuses harmonies de l'Opéra. Mais enfin que

:eux qui ne savent pas parler le langage du
moment, se taisent. Il serait beau de fortifier
un peuple qu'épuisent tous les genres de priva-
ions, il ne peut être question de le faire rire.
Bon gré, mal gré, quand le tonnerre gronde, le
ire gèle sur les lèvres.

*<br>* *

La Rente n'occupe plus, on ne cote plus dé-
ormais que les choses indispensables à la vie.
.e beurre est coté 40 francs la livre, un chou,
8 francs, un lapin 37 francs. Le pot au feu est
evenu une puissance, une éloquence. Ah !
'est que ce n'est rien moins que le spectre de
ı famine qui s'agite sous le couvercle de ce
ulgaire objet de ménage qui s'appelle une mar-
ıite...

*<br>* *

C'est avec une certaine incrédulité que l'on
ccueille désormais les nouvelles données par
ıs journaux, et cependant je n'ai pu m'empê-
her de prendre mon air le plus bourru en li-

sant un article intitulé : *Napoléon à Wilhemshohe*. Ce journal nous représente l'ex-empereur menant une vie paisible et agréable, retenant ses visiteurs à dîner, faisant au dessert sauter le champagne, projetant d'aller au spectacle à Cassel, patinant sur ses étangs glacés. Serait-il vrai ? Eh quoi, le fantôme de la France égorgée ne hante pas ses songes ! eh quoi, il n'entend pas les sanglots des femmes en deuil et des orphelins affamés ! eh quoi, il ne porte pas le deuil que nous, innocents, nous portons tous ! Serait-il vrai ? Dans ce cas Napoléon le Petit aurait fait place à Napoléon l'Odieux.

Le *Charivari berlinois*, sous ce titre : *Deux prisonniers*, a peint cette double situation : d'un côté le Sedantaire dans un riche appartement auprès d'une table copieusement servie ; de l'autre Paris, lionne affamée, rongeant les barreaux de sa cage dans laquelle se voient du pain noir et une carcasse de cheval.

*
* *

Les éphémérides de ce jour portent que

Charlemagne fut couronné empereur d'Occident. Sa Majesté Guillaume, si l'on en croit les nouvelles qui de loin en loin rebondissent sur nos pavés glacés, s'est fait déclarer empereur d'Allemagne. Sire, prenez garde ! Avant de continuer de fouler aux pieds l'humanité, la justice, avant d'égorger la France par ambition, levez les yeux en haut. Dieu veille, et il n'y a pas de couronne que son souffle tout-puissant ne puisse desceller. Sire, si vous regardiez dans l'histoire pour savoir comment tombent les couronnes !....

*<br>* *

C'est à la voix sourde et brève des canons bombardant Paris que 1870 disparaît en laissant traîner sur la France les pans sanglants et souillés de son manteau. Sur toi, ô fatale année, tomberaient d'unanimes malédictions, si te maudire n'était pas attaquer le souverain arbitre de toutes choses, le suprême dispensateur des biens et des maux. Qu'es-tu en effet ? quelle responsabilité assumes-tu dans ces événements qui se sont si fatalement enchaînés ?

Accusons-nous le ruisseau de se changer en torrent ? Faisons—nous un procès au nuage qui a recélé la foudre ? De quel œil regardons-nous ce chien qui court, pour la mordre, après la pierre inerte qu'une main invisible lui a lancée ? Disparais donc, ô sombre et mystérieuse année, et sois à la fois maudite et acceptée. Tu n'as été peut-être que le soc de fer déchirant les entrailles d'une terre qui, sous son apparente fécondité, devenait stérile ; tu as déchiré le sol en instrument aveugle sans pressentir la moisson qui sortira de ces sillons fécondés par tant de sang et par tant de larmes. Va donc, entraînant ton lugubre cortége, la sécheresse aux yeux ardents, la guerre au pied d'airain, qui écrase nos jeunes générations, la discorde aux yeux louches, qui se glisse en rampant entre les enfants de la mère patrie ; va ! nos yeux humides se lèvent vers les montagnes éternelles, et derrière ta silhouette sinistre nous voyons apparaître l'espérance.

*
* *

Quelles fêtes ont été nos fêtes françaises cette année : la Noël et le premier jour de l'an! Quelle famille est au complet? à quel foyer ne se sont pas creusés des vides? Deuil public et deuil privé! deuil national, deuil intime! Aussi la France héroïque a pris le grand deuil et sous ses voiles de crêpe elle attend, elle espère. Une main brutale promène le fer et le feu sur les plaies qu'un manteau de pourpre dérobait à tous les regards. Elle échappera à cette main humaine, et nous la verrons saine, vigoureuse, invincible.

*
* *

On n'articule qu'un souhait : Dieu sauve la France! Nos académiciens écrivent de belles pages. J'en lis une : on parle de la jeunesse avilie se relevant héroïque. Et la littérature et les littérateurs? Et les empoisonneurs, les grands coupables qui ont abaissé la jeunesse et perverti le peuple, vous n'en parlez pas, ô Immortels!

* *

Le carême s'accentue ; les boucheries livrent

des haricots; un oignon devient chose précieuse et rare. Comme les pauvres souffrent!

Toujours le même temps dans sa monotomie livide : un ciel terne sur une terre terne, un silence lugubre absolu. Aucun élément ne parle et ne dispute notre attention aux bruits de l'artillerie : ni pluie, ni rafales, ni ouragan, rien, le silence! La neige s'est figée où elle est tombée ; on aperçoit çà et là des lambeaux déchirés et salis du linceul superbe, qui nous a enveloppés un jour. De loin en loin, du ciel avare, tombent des parcelles neigeuses, que l'air promène sans bruit : une menace de plus. Reste suspendue, ô neige ; ne viens pas couvrir notre sol cristallisé de tes fatales splendeurs; ne jette pas devant les pas de nos soldats tes tapis perfides : les blessés s'y engloutiraient. Un linceul de neige ! ce serait cependant beau pour nos vaillants morts.

### LE LINCEUL.

La Nature a quitté sa toilette de fête,
D'étincelants glaçons remplacent sur sa tête
Sa couronne de feu. Sur ses membres puissants

Pend un manteau de cygne aux plis éblouissants.
Elle descend du char que porte la tempête.
Sur Paris assoupi son œil profond s'arrête;
D'un geste souverain elle chasse la nuit,
Sur ces lieux foudroyés la pâle aurore luit.

> Et l'on aperçoit l'Épouvante
> Devant une moisson vivante
> D'épis fauchés en pleine fleur,
> Le sang perle à chaque brin d'herbe,
> Et de chaque sinistre gerbe,
> S'échappe un long cri de douleur.

L'humanité râlait follement égorgée.
La Nature frémit puis en mère outragée,
Voyant de sang humain tant de flots répandus
Elle pleura ses droits, son amour méconnus,
Puis détournant les yeux du vaste cimetière,
Des sanglots dans la gorge, aux lèvres la prière
Elle voulut couvrir d'un linceul tous ces morts
Et magnifiquement, ensevelir leurs corps.
Sur le sol, qu'ensanglante un orgueil sacrilége
Elle laissa tomber son beau manteau de neige.

*<br>* *

Les queues, qui seront l'éternelle cruauté des municipalités provisoires de Paris, se continuent partout : le spectacle devient de plus en plus navrant. On se demande pourquoi la miette ne tombe pas tout de suite dans ces mains tremblantes. Où êtes-vous donc, ô amis du peuple ! Pourquoi n'ouvrez-vous pas vos salles immenses, vos larges portes ? Quel Olympe habitez-vous ? Ne voyez-vous pas grelotter ces malheureux.

*
* *

Ce matin, dans la rue du Cherche-Midi, la queue avait un aspect des plus étranges. Les pauvres femmes qui aiment un animal n'osent plus s'en séparer : il y avait donc des femmes portant leur enfant, d'autres leur chien, leur chat ou leur perroquet. C'était à la fois navrant et comique de voir sur les bras de ces femmes pâles, défaillantes, usées, se prélasser un gros barbet bien joyeux ou un gras angora à l'air endormi. J'aurais voulu voir ces pattes veloutées entourer les cous décharnés, comme une fourrure vivante ! Pauvres femmes, pauvres femmes !

*
* *

L'artillerie a tonné toute la nuit ; ce matin elle redouble ses crépitements ; nos murs résonnent, nos fenêtres tremblent, et nos cœurs ont d'intimes et douloureux tressaillements.

Il n'y a plus à en douter, c'est sur Paris ; la plus fière, la plus splendide, la plus élégante, la plus moqueuse ville du monde, que se projettent ces bombes brutales, ces obus meurtriers. Il est donc vrai, bien vrai, hélas ! que ce fait monstrueux, invraisemblable, impossible, le bombardement de Paris, est une réalité ! L'histoire sainte renferme dans ses annales des faits que le premier ignorant venu accueille par un sourire incrédule. Quel est le prophète qui, annonçant il y a six mois l'investissement, le bombardement et la résistance héroïque de Paris, eût trouvé une once de foi ? Et cela est, cette page de fer s'écrit dans notre histoire et sur ces fortifications qui ne semblaient qu'une sorte de parure réputée inutile de la grande cité.

L'invraisemblable peut donc être le vrai.

* *

D'où nous viendra le secours ? Tout chrétien qui formule cette demande d'un air navré lève machinalement les yeux au ciel. Pour ma consolation voici ce que je lisais ce matin : « Le Seigneur a paru comme un guerrier, il a précipité dans les flots Pharaon, ses chars et son armée.

L'abîme les a couverts... ils sont descendus comme une pierre au fond des eaux... Votre droite Seigneur a frappé l'ennemi... vous avez déchaîné votre colère qui les a dévorés comme la paille. Au souffle de votre fureur, les eaux se sont refoulées.

..... Ils disaient... je les poursuivrai et je les atteindrai... je partagerai leurs dépouilles et mon âme sera ranimée, je tirerai mon glaive et ma main tuera. Votre Esprit a soufflé Seigneur et la mer les a engloutis, ils se sont enfoncés avec le plomb dans la profondeur des eaux. Qui est semblable à vous parmi les forts, Seigneur, vous, magnifique, saint et terrible.

C'est dans ces saints et admirables livres que je puise personnellement un peu de courage et d'espérance et empruntant les paroles du prophète je murmure sans cesse : Mon Dieu que nos ennemis soient devant vous comme une roue et comme la paille emportée par le vent.

Je ne quitte pas ces lectures fortifiantes sans être tenté de mettre le signet et d'expédier le volume à nos gouvernants impuissants. Mais ils se lisent eux-mêmes et dédaigneraient sans doute cet avis indirect de chercher du secours plus haut. Ceci les regarde, mais je ne me consolerai jamais de voir arracher aux peuples des grandes villes, ce pain de l'intelligence, ce pain de l'âme. O saint dimanche, qui voyais réunis sous une même voûte les enfants du même Père pour entendre ces divines paroles, qui te rendra au peuple !

*<br>* *

J'ai considéré longtemps, ce matin, ce génie fatal à la France qui s'appelle Otto de Bismark, et, involontairement, je rendais à ce maudit son véritable nom : Attila, fléau de Dieu, et, quoi qu'il en coûte de le dire, Vengeur de Dieu. Ce nom, je le lui avais donné dans le secret de ma pensée, le jour où son visage m'est apparu ; je

14.

n'ai commencé à trembler pour la France que ce jour-là. Dans une vitrine s'étalaient nos nullités gouvernementales de contrebande, cette bande d'hommes, forts de leur ambition passée, présente et future. Mais voici en face de ce groupe insignifiant la figure véritablement saisissante du Teuton Bismark. Tout le monde connaît aujourd'hui ce visage d'une impassibilité terrible ; tout le monde a vu ce front vaste, dépouillé, froid, ces sourcils noirs et touffus, ces pommettes menaçantes, ces joues caves, cette bouche silencieuse, inflexible, surmontée de moustaches lourdes, ce menton d'airain : tout le monde a tressailli devant le regard fixe, glacé, aigu, qui perce de dessous la paupière roulée, transmettant au dehors la pensée unique qui s'est logée dans le cerveau puissant de cet ambitieux : l'unité allemande. Qui a regardé penser Krupp Ier a beaucoup vu, hélas !

★<br>★ ★

5 janvier.

Je me suis rendu aujourd'hui place d'Enfer. La population de ce quartier est fort impressionnée par les quelques obus qui lui sont arrivés. On ne s'entretenait guère que de cela. Sur le boulevard Montparnasse, deux gamins parlaient avec animation du projectile tombé dans le cimetière.

— En l'air, disait l'un, ça ronfle comme une toupie d'Allemagne.

C'en était une, hélas! ce sont ces joujoux de fer que l'Allemagne nous envoie cette année.

*
* *

Nuit du 8 au 9.

Nuit effroyable. On dirait que les puissances des ténèbres se sont déchaînées et veulent réduire en poudre la splendide cité. Comment rendre ce bruit éponvantable? On dirait que l'atmosphère, devenue solide, est percée par une vrille gigantesque maniée par des mains de Titans; d'autres fois le projectile meurtrier s'abat en silence et l'on entend soudain un écroulement formidable. Les jours solcnncls sont venus, la mort passe rapide comme la foudre.

*
* *

Ce matin on visite avec une courageuse curiosité les dégâts causés par la pluie de fer. Quelle brutalité, quelle puissance de destruction ! Il y a un certain nombre de victimes humaines : leur sang criera éternellement vengeance contre les bourreaux. Les habitations montrent des plaies béantes, de profondes cicatrices. Les murs sont enfoncés, les balcons arrachés, les toits écornés, les plafonds transpercés, les meubles réduits en poudre. J'ai vu d'énormes plinthes de bois de chênes devenus des fétus de paille. Une bombe a malheureusement visité l'atelier de notre excellent peintre Blaise Desgoffes ; la couche de peinture a été enlevée sur certaines toiles : ce sont les effets étranges, capricieux, incompréhensibles de la foudre.

*
* *

Nuit du 9 au 10.

Cette nuit le sabbat infernal a recommencé ; la rive gauche de la Seine est encore menacée.

On dirait que des rues entières s'écroulent. Le matin on est tout étonné de trouver les maisons debout autour de soi. J'ai fait une sortie très-matinale. Avant six heures, que la nature était divinement calme ! La lune brillait d'un doux éclat dans ses grandes plaines d'azur et faisait étinceler la mince nappe de neige cristallisée coquettement étendue sur le sol. Devant ce calme magnifique, on n'en pouvait croire ses yeux. Quoi ! ce firmament n'était pas bouleversé, troué ! Quoi ! la rage des hommes n'avait pu y jeter le moindre élément de désordre ! Non, l'air léger n'avait pas gardé trace de ces ténébreux messagers de mort qui l'avaient si violemment traversé, il y avait quelques heures, et la vue du ciel désoppressait l'âme qui se baignait dans ce repos.

*<br>* *

Nuit du 12 au 13.

Le terrible concert a commencé vers dix heures et s'est continué toute la nuit ; heureux ceux qui dorment !

Tout à l'heure un obus écornait une maison devant mes yeux, les vitres volaient en éclats, les parquets étaient transpercés, les cheminées croulaient, les femmes, plus mortes que vives, s'enfuyaient, leurs enfants dans les bras. Des hommes, blêmes de colère, m'ont apporté les éclats de cet obus matinal. C'est un formidable projectile, et en le contemplant je me disais que la science humaine destructive a fait d'incontestables progrès. Cette dragée qui nous arrive de deux lieues à travers l'air, en fait foi. Ce n'est donc point un rêve, une machine faite d'un métal inerte ouvre sa gueule béante sur le sol, à deux lieues de nous ; le premier homme stupide venu y pousse machinalement ce cône de fer ; une main non moins inconsciente, allume la poudre, et cela, porté par l'air, vient briser un de nos amours, détruire une de nos intelligences, pulvériser de ces magnifiques œuvres d'art qui sont comme le patrimoine de l'humanité créatrice ! Les hommes dont la vie est si courte, si incertaine, osent ainsi s'entre-détruire! Espérons que l'arbitre souverain de toute justice prépare la main par laquelle ces destructeurs seront détruits à leur tour !

*
* *

Le givre donne un éblouissant aspect aux jardins publics et privés. Les arbustes sont devenus des coraux blancs gigantesques couverts de poussière de diamants.

*
* *

17 janvier.

Nos forts font entendre toute la journée une canonnade effroyable. Ces coups de canon, se succédant sans interruption, font illusion et donnent à croire que nous habitons les entrailles de la terre en compagnie de mineurs qui ont pour mission de nous délivrer en faisant éclater le sol autour de nous.

*
* *

Nuit du 17 au 18.

C'est par nuit que se suppute maintenant le temps, car c'est pendant les nuits que voltigent ces oiseaux sinistres dont le vol lugubre vient glacer le sang dans nos veines, c'est pendant les nuits sombres ou étoilées que rampent vers les inoffensifs, vers les femmes, vers les enfants, vers les vieillards, ces hideux reptiles de fer dont on croit entendre les anneaux se dérouler tout à coup dans l'air qui les porte, Cette nuit a été effroyable: l'ennemi a bombardé avec rage, et les obus ont dû pénétrer bien avant dans Paris.

.·.

Une indisposition de l'abbé m'a retenu près de lui et je n'ai pu aller voir la comtesse ; en ce moment, elle est ma dernière sérénité mondaine. Dieu nous inonde tous d'une pluie de grâces, car toute notre force tranquille descend évidemment de lui. Ma pensée se repose paisiblement de loin sur mes parents, mes amis et sur mes courageux voisins. Je les vois sérieux, attentifs, mais indomptablement calmes. Ils m'écrivent qu'ils ne descendront jamais dans leurs caves. Je suis absolument dans la même in-

tention. Dieu nous abrite, et la prière des bons
nous couvre. Donc je demeure par continuation dans cette riante maison, frêle paravent,
placé tout juste devant les canons de Guillaume
le détestable et je dors sous l'ondée de feu. Un
obus a providentiellement glissé entre nos maisons cette nuit et est allé trouer la maison en
face. A chaque heure, il faut le dire la mort
passe, ailes déployées, sur Paris. Oui, nous
sommes mitraillés de part en part, fortune,
gloire et maisons croulent de compagnie; mais
qui fera crouler nos âmes! Quels faisceaux
d'héroïsmes de tous les genres, d'indomptables
fiertés et de magnanimes résolutions renferme
Paris en ce moment! Comme les cœurs et les
intelligences crient vers Dieu ! Nous ne disons
pas au César brutal qui nous foudroie: « Ceux
qui vont mourir te saluent ! » mais, les yeux
fixés vers le ciel, nous disons à Dieu: « Ceux
que tu frappes justement, ceux que tu sauves,
s'humilient et t'adorent ! »

**
* *

18 janvier.

Ce matin, avant le jour, sons légers du clairon.

L'armée de Paris s'élance encore une fois au dehors, l'attente s'empare violemment de tous les cœurs.

**
* *

19 au soir.

Montretout est repris, la garde' nationale a fait héroïquement son devoir ; mais le résultat est négatif.

**
* *

20 au matin.

La dépêche du général Trochu anéantit nos espérances. L'action, brillamment engagée, ne s'est pas poursuivie avec succès, l'ennemi a amené ses réserves d'infanterie et une artillerie écrasante ; il faut céder les positions conquises et se replier. L'honneur est toujours sauf, mais le succès reste impossible. Triste, triste, triste !

* *
*

21 janvier.

Aujourd'hui je longeais le boulevard des Italiens, le roi des boulevards. Je pouvais me croire placé devant un stéréoscope gigantesque à double verre. Par l'un de ces verres j'apercevais cette rue splendide arpentée par tout ce que Paris renferme de riche, d'élégant, de fou, d'éclatant. Le démocratique omnibus se fraye avec peine un passage dans la foule des équipages superbes, il passe en intrus comme passent dans la cohue élégante, parfumée, la simple ouvrière et le rude travailleur qui se trouvent égarés là, on ne sait comment. Quant au pauvre, il n'existe pas. Le haillon peut-il figurer sur ce macadam balayé par les traînes de soie, les visages blêmes peuvent-ils se mirer devant ces magasins somptueux, devant ces miroirs qui ne sont pas faits pour refléter la misère, ni la laideur, ni la souffrance? Non! arrière donc la laide et misérable humanité! Tous ces trésors d'un art voluptueux sont étalés pour les flâneurs blasés, pour les femmes frivoles, pour les jouisseurs de la vie, que rien n'attriste, que rien ne menace, que rien n'attendrit. Aussi, sous le soleil et sous le gaz, ce boulevard est réellement éblouissant, et entre les deux haies formées par les merveilles dues à l'art et aux plus délicates industries, le long des restaurants fameux, des maisons dorées, roule le flot de raffinés de la civilisation de toutes nations : c'est le plus ravissant et le plus étrange défilé de marionnettes qui se puisse voir.

Maintenant un coup d'œil sur l'autre verre de mon stéréoscope. Je retrouve les mêmes lignes harmonieuses, les mêmes horizons, les mêmes palais, les mêmes enseignes dorées : mais où sont les passants ! où sont les femmes rieuses, folâtres, où sont les boulevardiers ? où sont les petits crevés ? où sont les équipages fringants et les cochers aristocratiques ? Disparus ! Je vois défiler des troupes de soldats au front sombre, au regard résolu, à la physionomie sévère ; je vois s'échelonner de longues colonnes de pauvres femmes, les unes couvertes des plus laides livrées de la misère, grande ville·

haillons fanés mais éclatants, parures de strass ;
les autres, revêtues du costume modeste de
l'ouvrière, plusieurs de la toilette relativement
distinguée de la femme aisée. J'aperçois çà et
là, contre les devantures miroitantes, un infirme
hideux, une misérable femme, un malheureux
enfant, un vieillard affamé qui sollicitent l'au-
mône des passants ; de temps en temps passe
l'omnibus devenu roi en cette solitude : il est
cotoyé par des fiacres traînés par un cheval
efflanqué, par de lourdes charrettes sur lesquelles
s'alignent des barils de poudre, par une voiture
de déménagement sur laquelle s'étalent les plus
vulgaires et les plus pauvres objets de ménage,
à travers les larges vitres brillantes des grands
restaurants, j'aperçois sur les tables de marbre
blanc un morceau de pain grossier, noir, cons-
tellé de paille et dans lequel se mêlent le fro-
ment, le riz, le seigle, l'avoine, le haricot. Ce
morceau de pain bis en ce lieu est d'une éloquence qui se passe de commentaires, et l'on
dit en baissant la tête : nous en somme
donc là ?

*
* *

Nuit du 21 au 22 janvier.

Cette nuit, des agitateurs ont forcé les portes de Mazas et délivré Gustave Flourens : il y a encore de la sédition dans l'air.

*
* *

Dimanche 22 janvier.

Rassemblements tumultueux et séditieux, à l'Hôtel-de-Ville ; on entend les coups de fusil, et cependant le canon tonne effroyablement aux remparts. O honte !

*
* *

23 janvier.

Justice est faite, les clubs sont fermés, des journaux sont suspendus. Quel autre gouvernement eût pu, sans faire crier, prendre ces mesures indispensables ? Aujourd'hui les prisons

de la République se referment sur ces républi—
cains qui la déshonorent.

* *
*

24 janvier.

Tous les jours de nouveaux magasins se
closent ; à la devanture vide des épiciers se
voient des sacs à terre. Dans les quartiers bom-
bardés il n'y a plus guère que de rares piétons,
des gens effarés qui emportent des paquets ;
des religieuses, des paniers au bras ; un garde
national à la porte d'une boucherie municipale
ou d'une boulangerie vide ; de pauvres femmes,
des enfants et même des hommes faisant queue
à la porte des cantines.

* *
*

26 janvier.

Le silence continue. Des brins de neige se
jouent dans l'atmosphère ; nous mangeons notre
pain noir sans nous plaindre, mais la mort dans

le cœur. Les dernières nouvelles de la province apportées par les pigeons sont mauvaises, la lutte est inégale, l'artillerie prussienne foudroie ceux qui se sont improvisés soldats pour défendre cette chose sacrée qui s'appelle la patrie.

Les petits journaux continuent de parler avec leur jactance habituelle, ils jouent au fanfaron, même à cette heure suprême ; mais tout ce qui pense, tout ce qui vit de la vie élevée et sérieuse, souffre de mortelles angoisses. Tout serait-il perdu fors l'honneur ?

*
* *

Les négociations sont entamées, un armistice va se conclure, certains aliments reparaissent dans Paris bloqué. En quels termes flétrir ceux qui ont spéculé sur la mort ! On a pillé les halles, et pour la première fois de leur vie les honnêtes gens ont approuvé le pillage. Que toutes les maisons s'ouvrent, que toutes les tables se montrent, prêchons et pratiquons l'é-

galité dans la privation. C'est ce que font tous
les catholiques.

*
* *

28 janvier.

C'est d'une main tremblante que j'écris aujourd'hui : lutté en vain ! souffert en vain,
hélas !

*
* *

On se refuse à croire à cette paix désolante.
Certes, en France, et à Paris surtout, l'opinion
publique est sans cesse détournée de la vérité
par tous les mensonges et toutes les manifestations orgueilleuses qui s'impriment et se dé-
bitent si follement ; mais, si ceux qui vivaient
au dehors du centre gouvernemental, ne parta-
geaient pas les illusions décevantes de la rue,
ils conservaient encore un certain espoir dans
la résistance. Malheureusement le spectre de la
faim est venu poser son doigt décharné dans la
baiance, et elle a penché en faveur de l'ennemi.
Qu'il passe donc, le fléau de Dieu ! mais il

entendra sortir de toutes les poitrines françaises ces deux mots : Résurrection, vengeance !

*
* *

Un armistice, préliminaire de paix, est conclu.

Nous sommes confus, désolés, mais virilement résignés. La France n'a peut-être pas assez de séve héroïque pour se défendre à outrance ; les partis avec leurs interminables querelles, le matérialisme, ont sensiblement affaibli le patriotisme. Les généreux ont donné leur sang dans une lutte qu'ils savaient inégale ; les autres courberont la tête et partageront la dette d'argent. La somme des héroïsmes a certainement dépassé celles des défections absolues ; mais la masse est indifférente, craintive, intéressée... En définitive la patrie, c'est un idéal, et nous sommes matérialisés ; de là notre décadence, visible, palpable, tangible en quelque sorte.

*
* *

Paris, 1er février 1871.

Du fond de ma vaste prison, je pense souvent à ceux qui suivent de loin d'un regard attendri les péripéties du drame lugubre et sanglant qui se déroule en notre belle France, et qui se termine à notre désolation.

C'est à peine si l'on est tenté de se réjouir d'avoir échappé aux expériences psychologiques du Chancelier fédéral, ce Maître fourbe.

Enfin l'honneur et l'espérance nous restent.

Il y a des héroïsmes et d'affreuses lâchetés, mais l'océan des sacrifices entraînera toutes ces fanges. L'ouragan soufflait évidemment d'en-haut, quelle puissance humaine pouvait s'interposer entre lui et nous? Mais par delà les ruines, les deuils, les humiliations, regardons poindre l'aurore d'une régénération.

*<br>* *

Le 1er mars 1871 les Prussiens sont entrés à Paris. Paris s'est bien conduit, tout s'est fermé

sur le passage de l'ennemi : de lugubres drapeaux noirs flottaient aux fenêtres, les huit
villes frontières de la place de la Concorde
portaient un masque noir, sinistre, Paris a su
un jour porter le deuil. Nous ne sommes pas
sortis, le soleil nous blessait les yeux.

*
* *

Le promeneur qui a la bonhomie de se croire
en pleine paix est fort étonné de trouver aujourd'hui fermées, les hautes grilles du Carrousel
et du Louvre.

Il n'y a pas de bruit à Landerneau, mais
beaucoup de bruit à Montmartre.

*
* *

L'aspect de la population parisienne est plus
que jamais de nature à donner le spleen, elle
semble n'avoir qu'une passion : la curiosité. Les
étalagistes de la rue rient grossièrement en
voyant passer les régiments qui vont guerroyer

contre l'émeute ; les passants marchent légèrement, et leur physionomie fade et gaie signifie :
Encore des scènes nouvelles, de nouveaux
drames ! Ce peuple, abaissé par les mauvaises
pièces de théâtre, voit de la comédie partout. Un bourgeois de figure et d'allures
honnêtes questionne devant moi un fantassin
sur ce qui s'est passé à Montmartre. Celui-ci
répond vaniteusement et bêtement qu'il a refusé
de tirer, et que lui et ses camarades se sont
contentés de lever la crosse de leur fusil en
l'air en criant : Vive la République ! — Vous
avez bien fait, dit niaisement l'anarchique sans
le savoir, en poursuivant lourdement son chemin. Et voilà ce que sont devenus ceux qui se
rangent dans la catégorie des hommes d'ordre !
Quand nous serons en plein désordre, cet homme
se rappellera-t-il avoir dit à ce soldat, à ce
crossard : « Vous avez bien fait » ?


Sur la place Saint-Germain-l'Auxerrois se

dressent des faisceaux d'armes et s'entassent des gardes nationaux fort animés et singulière-ment gais. En voulant me frayer un passage dans cette masse compacte, j'ai été remarqué par un officier, qui avait presque l'air d'un homme comme il faut.

— Monsieur veut sans doute voir nos tam-bours neufs, a-t-il dit avec cet air bêtement gouailleur particulier à ces gens qui confondent sans cesse l'impertinence et l'esprit.

— Non, monsieur, ai-je répondu sèchement, j'ai d'autres curiosités.

— Pouvons-nous les satisfaire? a-t-il repris toujours ricanant.

— Non, je suis curieux de rencontrer des hommes sensés, sérieux, intrépides, sur lesquels on pourrait compter pour mettre à la raison les autocrates de Montmartre.

— Tout est fini à Montmartre, a-t-il ré-pondu dédaigneusement, mais en rougissant de dépit.

J'ai rebroussé chemin le croyant naïvement sur parole, et en rentrant chez moi je suis allé dire à l'abbé : « Mon cher, serrons-nous la main, ce sont de faux bruits qui courent. La dernière parade militaire a eu lieu, la dernière tragi-comédie révolutionnaire a été jouée, la France va pouvoir soigner ses blessures, sonder ses plaies, se préparer une vie nouvelle et peut-être une revanche. »

*.*

Dans la nuit, le bruit du canon est venu donner un formidable démenti à mon sot garde national, et me causer une de ces souffrances indicibles qui font pénétrer jusqu'aux dernières fibres de l'âme ce sentiment amer qui a nom la honte.

*.*

L'émeute est triomphante. Le général Clément Thomas et le général Lecomte ont été fusillés, le général Chanzy est arrêté. La vie est encore une fois suspendue, l'omnibus lui-même ne marche plus.

Mais il y a des gens qui vont en bateau-mouche voir les ruines de Saint-Cloud ; il y a des passants souriants, indifférents, satisfaits, des femmes parées, fardées. C'est à en devenir bourru pour le reste de ses jours.

*<br>* *

Dans la nuit, détonations lugubres et continues.

A six heures, nouvelle décharge d'artillerie. Dans le courant de la matinée, je me rends à l'Hôtel-de-Ville. Des passants paisibles, des gardes nationaux pressés, des omnibus escortés par cette milice en armes et changés en voitures de bagages, le sinistre drapeau rouge flotte au-dessus du cadran, la place est devenue un parc d'artillerie.

*<br>* *

Les lutteurs à outrance — devenus gouvernement, — délégués et puissants, viennent d'afficher qu'ils acceptent les préliminaires de la paix. Ils ne voulaient donc vraiment qu'une chose — à outrance — le pouvoir.

.·.

Le maire de Toulouse publie un arrêté qui défend les plaisirs du carnaval. Il me semblait que cet arrêté avait été déjà publié en principe par notré traité de paix et signé par l'empereur Guillaume ; mais les abaissés ne raisonnent pas.

⁎⁎⁎

Plus de vingt mille hommes sans armes protestent courageusement contre le désordre organisé sur les buttes Montmartre. Décorés d'un ruban bleu, précédés par une bannière où se lisent ces mots : Vive l'ordre, vive la République ! ils se mettent en marche et suivent les boulevards.

Les gardes nationaux émeutiers tirent lâchement sur cette masse d'hommes dont plusieurs tombent.

Pourquoi ces balles n'atteignent-elles pas les

phraseurs, les utopistes, les encenseurs, les apôtres de ce matérialisme qui mène ce peuple dévoyé aux révoltes sanglantes?

**

La Commune se prend de plus en plus au sérieux, elle s'érige insolemment en gouvernement, elle légifère, commande et régente Paris. L'armée française devient — les Versaillais. — Une succession de proclamations plus furibondes les unes que les autres se lit chaque jour sur les murs. On y évoque le spectre blanc, le doux et bénin spectre blanc, et ce qui s'imprime de mensonges, de calomnies, est fabuleux. La partie est décidément perdue pour la France, guerre au dehors, guerre en dedans, trahison des Prussiens, trahison des socialistes. L'épreuve prend de gigantesques proportions.

**

J'apprends l'arrestation de l'abbé Deguerry, curé de la Madeleine. On se frotte les yeux, se

demandant si on ne rêve pas de ces scélératesses.
Il y a quelques mois, je faisais connaissance
avec le vénérable prisonnier

Ce souvenir remonte à la Fête-Dieu dernière,
la plus charmante des fêtes, et pour oublier un
instant le Paris d'à-présent, je vais me replonger
dans ce souvenir.

Dans nos petites villes, dans nos villages et
dans nos hameaux, la Fête-Dieu est certainement la fête populaire et sympathique par excellence. Elle a ravi notre enfance pure, notre
rêveuse adolescence et même notre fière jeunesse, et je crois que ceux sur le front desquels
la vieillesse a posé sa couronne et que rien ne
ravit plus, gardent au fond de leur cœur je ne sais
quelle étincelle de vie pour jouir de la Fête-Dieu.

Par un brillant jour d'été il est beau de voir
l'hôte divin sortir de ses temples, de voir se
dresser pour lui des autels de feuillage, de voir
jeter sur ses pas les fleurs que sa puissance et
sa bonté ont fait éclore, de le voir passer à la
fois invisible et présent au milieu de la famille
humaine.

La foi l'escorte, l'amour le suit, le respect l'environne. J'ai toujours aimé à suivre les processions de la Fête-Dieu dans les campages. La nature chante la gloire de Dieu et lui souhaite éternellement la fête. Celui qui suit de près la germination des graines et l'épanouissement des fleurs, celui qui étudie la délicate et merveilleuse organisation des plantes jetées à profusion sur notre sol, celui qui vit en face de la nature, sous son action directe, celui qui apporte une intelligence sérieuse, un esprit réfléchi au milieu de cette vie débordante, pleine de grandeur, de secrets, de merveilleux phénomènes, celui-là ne perd pas vite la foi, il peut au contraire l'affermir tous les jours par le raisonnement. Peindre des millions de fleurs, faire sortir le fruit de la plante, l'épi du grain, le chêne du gland, et changer un morceau de pain en une substance divine, lui paraît également miraculeux et également simple.

Mais à Paris l'homme vit parmi ses œuvres, dans l'orgueil de sa puissance d'emprunt. Ce n'est pas positivement lui qui a imaginé ce pavillon d'azur se déroulant au-dessus de sa tête ; ce n'est pas positivement lui qui a prêté ses rayons au soleil, mais il a fait tout ce qui se voit au-dessous, et sa pensée ne s'élève plus au delà des ouvrages sortis de ses mains. Aussi là les heureux se nourrissent de leur bonheur, les malheureux s'abreuvent d'illusions, et dans beaucoup d'âmes la foi se meurt, ou plutôt, hélas ! la foi est morte.

A Paris, le Tout-Puissant rencontrant en sa créature une sorte de rival, il reste ordinairement caché dans ses temples où ceux qui l'adorent le trouvent. Un jour cependant au-dessus des mille bruits de Paris, qui n'ont rien d'idéal, j'entendis s'élever tout à coup les puissantes harmonies du chant grégorien, devant la foule habituelle qui semble courir comme pour attraper quelqu'un, la Fortune sans doute, ne fût-ce que par le bout de ses ailes, je vis s'échelonner une foule attentive et joyeuse sur laquelle planait le divin, et je me trouvais à la Madeleine, dans le Paris brillant, ricanant, miroitant, enivré.

Contre la partie du temple qui donne sur la rue Tronchet, un reposoir avait été disposé.

Au-dessous d'un baldaquin d'où pendaient de longues draperies de velours rouge à crépines d'or, se dressait un simple autel surmonté d'une grande croix étincelante, et sur les gradins, des massifs de fleurs complétaient harmonieusement la décoration.

Le temple, même à l'extérieur, avait pris un air de fête ; des fleurs s'épanouissaient au pied des grandes statues, qui sont les éternelles habitantes de la colonnade splendide ; on avait ceint ce beau temple, quelque peu païen d'aspect, d'une écharpe de pourpre, et c'était sur ce fond éclatant que se détachaient les personnes qui faisaient partie de la procession et qui portaient toutes un bouquet à la main.

D'abord venait la gracieuse phalange des petits enfants au front pur, au visage riant ; puis celles des écoliers, enfants encore, mais qui portent déjà à leurs lèvres la coupe de la science avec celle de la vie ; en troisième lieu de longues files de jeunes filles, vêtues de blanc, parées d'un voile transparent de mousseline qui retombait à la juive et laissait à peine deviner les traits, portant au cou un large ruban d'azur et à la main une touffe de lis. Debout, contre la grille, je les voyais descendre une à une, parées de beauté souvent, de grâce et de modestie toujours. Et mon regard se détournant et pénétrant dans les profondeurs de la foule qui remontait le boulevard, j'apercevais d'autres jeunes filles à l'œil hardi, au sourire provocant, costumées comme des singes de foire. Ces deux types de femmes étaient saisissants à regarder en ce moment. La religion, me disais-je, suit la femme d'un regard compatissant et consolateur, elle la pare d'un voile de modestie, elle la rend digne d'amour en l'enveloppant de respect. Le monde antireligieux, au contraire, en fait un joujou, une poupée, un être capricieux et terrible qu'on aime une heure, qu'on dédaigne après l'avoir aimé, une fleur qu'on jette au rebut sitôt qu'elle est fanée. Pauvre idole d'un jour à la tête creuse, au cœur rétréci, aux habitudes frivoles, qui conserve la pose ridicule d'une idole, alors même qu'elle n'a plus d'encens et plus d'adorateurs.

Et ma pensée s'élevant plus haut en partant du contraste qui m'apparaissait, je suivis des yeux longtemps la double rangée des vierges, je les regardai descendre lentement les degrés du temple. Ces jeunes catholiques personnifiaient en ce moment pour moi une chose auguste, je croyais voir la religion elle-même traverser Paris. Oui, la voilà, me disais-je, dans son vêtement immaculé, belle d'une beauté splendide, mais chastement voilée ; la voilà simple, blanche, pudique, pacifique, les mains chargées de fleurs odoriférantes ; la voilà qui passe, purifiant l'air de son haleine embaumée, effleurant de son pied léger les pavés de la Babylone moderne où elle a un trône qu'aucuue révolution ne renverse, des courtisans désintéressés, d'une fidélité à toute épreuve, des temples indestructibles, puisque c'est le cœur humain, un sol vivant qui les porte. Cette cérémonie publique qui faisait apparaître la Religion catholique en plein soleil dans Paris m'émouvait profondément. Je me sentais heureux de m'agenouiller entre ces palais fastueux et fragiles en compagnie des humbles femmes qui m'entouraient, heureux de reconnaître que la foule des curieux, à part quelques exceptions gardait une attitude respectueuse.

C'était M. l'abbé Deguerry, le prisonnier d'aujourd'hui qui portait l'ostensoir d'or. Il l'approchait paternellement des petits enfants, qui en baisaient le piédestal.

Cette condescendance est touchante; on se rappelle involontairement le Sauveur passant dans la foule qu'il enseignait avec autorité, mais avec la plus miséricordieuse tendresse. Partout ailleurs qu'à Paris cet usage me ravirait. A Paris je préférerais une cérémonie courte, simple, et environnée avant tout de majesté.

La musique militaire alternait avec les belles hymnes de l'Église et ses brillantes fanfares succédaient aux strophes graves du *Pange lingua*.

Ces harmonies pénétrantes précédèrent la bénédiction du très-saint Sacrement annoncée

par un roulement de tambour. M. l'abbé Deguerry se détourna vers la foule, portant
entre ses mains sacerdotales l'ostensoir rayon-
nant et la foule s'agenouilla.

Le calme de cette scène était divin, bien que
la respiration ardente, embrasée du géant parisien frappât vaguement l'oreille. Dans le groupe
compacte des courageux catholiques réunis
autour du Dieu eucharistique, toutes les classes,
je dirai tous les peuples, étaient représentés :
l'homme de guerre et l'homme de plume, l'action et la pensée, la grande dame et l'ouvrière,
la Parisienne et la Négresse. A Paris cela repose
vraiment de rencontrer dans la foule des visages
sur lesquels se reflète la vie surnaturelle de la
foi, des regards qui savent se lever vers le ciel,
des fronts intelligents et fiers qui ne s'inclinent
bien bas que devant Dieu.

Entre les gens dévorés de passion ou saturés
d'ennui ou hébétés de jouissances matérielles,
qui se meuvent dans l'immense réseau de rues
et de boulevards, on aime à rencontrer le pen-
seur et l'homme religieux, tout être dont l'œil

brille de la flamme idéale qui s'alimente ailleurs que sur cette terre, dont les fruits ne donnent qu'une vie corruptible et incomplète.

Pendant que la procession continuait lentement, majestueusement sa marche, je rentrai dans le temple embaumé. Comme chacun sait, la blanche statue de la sainte y plane. Du haut de l'amphithéâtre de verdure qui ne laissait passer que ses bras suppliants et sa tête radieuse, elle semblait présider cette assemblée et assister, comme nous, à la rentrée triomphante de son Maître et Seigneur. C'était bien ton temple ce jour là, ô Madeleine, et l'on aurait dit que tu venais de briser ton vase de parfums aux pieds du Sauveur.

Tout cela est évanoui ; S<sup>te</sup> Madeleine priez pour nous.

*<br>* *

Aujourd'hui j'ai rencontré une estafette de la Commune passant au galop ; j'ai vu un élégant général de la Commune paradant dans une calèche enlevée par quatre chevaux ; l'estafette était un sacripant barbu, poussiéreux, effroyable, une sorte d'échappé de l'enfer; le général était un bel adolescent poseur. Qu'importe! tout peut réussir en France, l'odieux comme le ridicule.

Il faudra donc que les Français reconquièrent Paris; c'est un nouveau siége. Si je me sauvais !

*<br>. *

Je me sauve. Ce n'est pas la peur, c'est la honte qui me fait fuir Paris. Je n'ai pas redouté l'obus prussien, je redoute l'obus français. Entendre insulter ces soldats vaillants qui se battent et qui meurent obscurément pour la France par ces hommes qui ne se sont pas battus contre la Prusse pour leur patrie et qui assassinent maintenant leur patrie pour de l'or, des honneurs et le goût de l'oisiveté, dépasse absolument mes forces.

J'use de violence pour emmener l'abbé Martial ; mais je l'emmène. Il est malade, épuisé par les fatigues du premier siége, condamné au repos par tous les médecins. Mademoiselle Eugénie et Louison préparent nos malles et nous obligent à partir ce soir ; demain serait peut-être trop tard. On permettra encore, je l'espère, à deux pauvres vieillards de sortir de la cage où se préparent d'horribles drames. Que Dieu ait pitié de Paris !

*<br>* *

J'ai pris congé de ceux de mes amis qui restent intrépidement. Pour moi, je retourne avec joie, avec élan, planter mes choux et m'assurer qu'il reste quelque peu de cervelle, de cœur et de sagesse dans le reste de la France. Ce soir, Paris, l'incandescent, l'échevelé, l'ambitieux, l'ingrat, le démagogique Paris, comptera, s'il plaît à Dieu, un bourru de moins dans ses murs.

*<br>* *

# ÉPILOGUE

## LE 24 MAI 1871.

Traversez, justice implacable,
L'Océan de sang et de feu,
Sur la cité folle et coupable,
Passez ! justice de mon Dieu.

O Paris, profanateur d'âmes !
Ton heure suprême a vibré ;
Quel superbe linceul de flammes,
Tes grands phraseurs t'ont préparé.

Les brises du ciel vont l'étendre
Autour de ton corps palpitant,
Et sur une couche de cendre,
Tu vas râler, impénitent.

D'une sacrilége utopie
L'orage est sur toi déchaîné,
Brillant jouet d'un peuple impie,
Brûle et rugis comme un damné.

Accourez tous, hommes de plume,
Dramaturges de l'atelier,
Et dans le volcan qui s'allume,
Voyez votre nom flamboyer.

Votre roman se fait histoire,
Votre drame a de beaux décors,
Mais la France, en deuil de sa gloire,
Pleure aujourd'hui sur ses trésors.

L'huile enflammée et souterraine
Coulait à torrents de vos doigts,
Le peuple, idole souveraine,
En blasphémant, portait sa croix.

Vous étiez d'élégants oracles,
Détruisant la foi chez ses fils,
Ils ont brisé les tabernacles.
Et mutilé les crucifix.

Vous traitiez le ciel de chimère,
Vous en détourniez leur regard,
Ils ont trouvé la vie amère,
Et redressant leur front hagard,

Ils ont bondi sur le Calvaire,
Pour crucifier l'Innocent,
Et notre misérable terre,
Boit le plus pur de votre sang.

France à genoux ! sanglotte et prie,
Dans les pleurs lave ton affront,
Et puis remets ô ma patrie,
La couronne à ton noble front.

1690. — Abbeville. Imprimerie Briez, C. Paillart et Retaux.